小学5年生 英語にぐーんと強くなる

学習指導要領対応

KUMON

CONTENTS

特集ページ

この本の特長と使い方

この本では，小学５年生の英語でよく出てくる表現や単語を音声といっしょにくり返し練習します。

各レッスンで学ぶ英語表現は，自然な場面と会話の中で出てくるので，自分が実際に使うことを意識しながら学習を進めることができます。１回のレッスンは，学ぶ英語表現が対話の場合は２見開き，対話でなければ１見開きです。

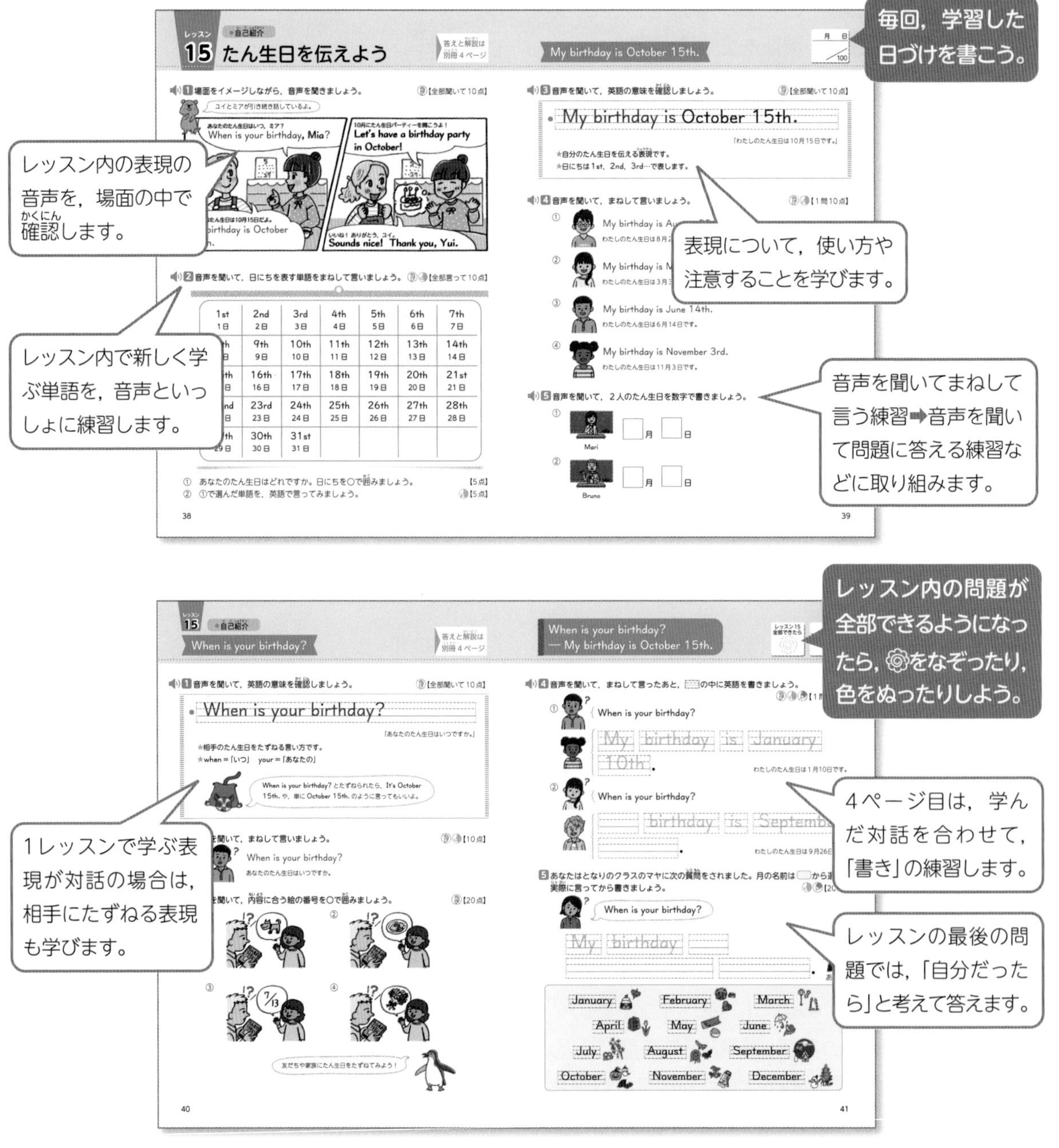

クアッカワラビー

小学校の英語でもっとも大切な「聞く」をメインに,
やさしいところからていねいなステップで無理なく学習し,
「話す」につながる力を身につけます。

フクロウモモンガ

フェアリーペンギン

レッスン数回ごとに,「まとめ問題」があります。
学んだ表現や単語を使った会話を聞いて答える問題や，自分だったらどうかを考えながら英語でたずねたり答えたりする問題などに取り組みます。

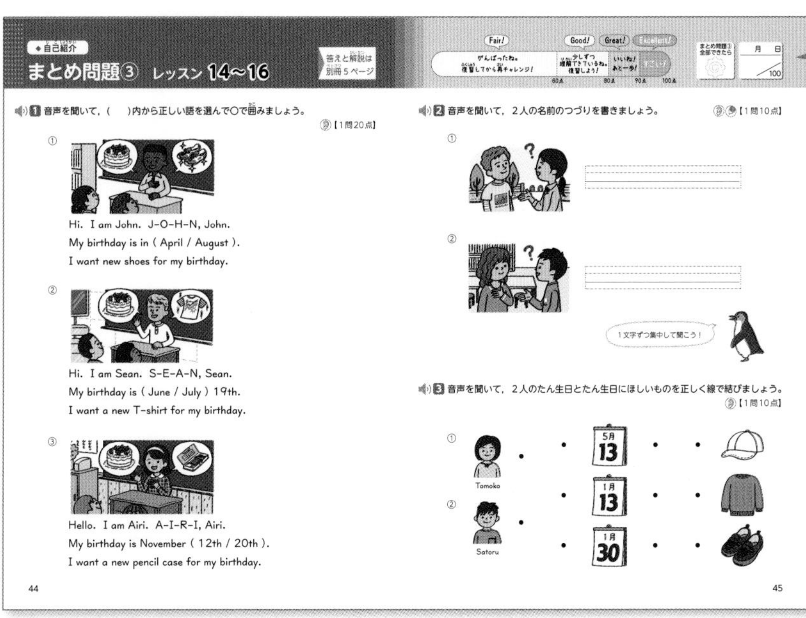
自己紹介
まとめ問題③ レッスン14〜16
答えと解説は別冊5ページ
Fair! Good! Great! Excellent!
がんばったね。復習してから再チャレンジ! 少しずつ理解できているね。復習しよう! いいね! あと一歩! すごい!
まとめ問題全部できたら 月 日 /100

1 音声を聞いて，( )内から正しい語を選んで○で囲みましょう。【1問20点】

① Hi. I am John. J-O-H-N, John.
My birthday is in (April / August).
I want new shoes for my birthday.

② Hi. I am Sean. S-E-A-N, Sean.
My birthday is (June / July) 19th.
I want a new T-shirt for my birthday.

③ Hello. I am Airi. A-I-R-I, Airi.
My birthday is November (12th / 20th).
I want a new pencil case for my birthday.

2 音声を聞いて，2人の名前のつづりを書きましょう。【1問10点】

①

②

1文字ずつ集中して聞こう!

3 音声を聞いて，2人のたん生日とたん生日にほしいものを正しく線で結びましょう。【1問10点】

① Tomoko
② Satoru
5月 13
1月 13
1月 30

44 45

・1回で100点にできなくても大丈夫！
答えや解説(かいせつ)をしっかり読んで，音声も聞き直そう。
・100点になったら，をなぞったり，色をぬったりしよう。

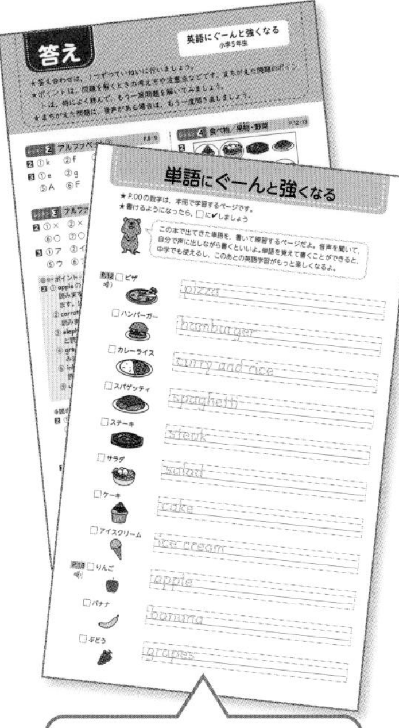

別冊(べっさつ)には，ふろくで「単語にぐーんと強くなる」のページがあります。レッスンに出てきた英単語を書いて練習したいときに使いましょう。

があるところは，音声を聞きましょう。

音声の聞き方

1 音声アプリきくもん アプリをダウンロード

❶くもん出版のガイドページにアクセス
❷指示にそって，アプリをダウンロード
❸アプリのトップページで
『小学５年生　英語にぐーんと強くなる』を選ぶ

※初回に必要なシリアルコード

【9784774333656】

＊きくもんアプリは無料ですが，ネット接続の際の通話料金は別途発生いたします。

2 くもん出版のサイトから，
音声ファイルをダウンロード➡

レッスン 1

◆復習：アルファベットと単語

アルファベット①

1 A～Qまで，音声を聞いて，まねして言いましょう。そのあと，うすい字をなぞってから，自分で書いてみましょう。 【全部書いて100点】

大文字 / 小文字

A A　a a

B B　b b

C C　c c

D D　d d

E E　e e

E と書いてもいいよ。

F F　f f

F と書いてもいいよ。

G G　g g

Gのように，2画目を曲げないこともあるよ。

H H　h h

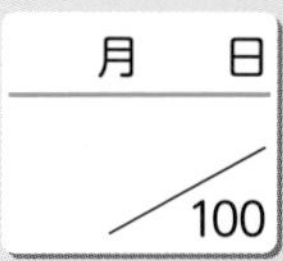

I I

I と書いてもいいよ。

i i

J J

j j

K K

k k

L L

l l

M M

M と書いてもいいよ。

m m

N N

N と書いてもいいよ。

n n

O O

o o

P P

p p

Q Q

Q と書いてもいいよ。

q q

見本以外の書き順で書いてもいいよ。

レッスン 2

◆復習（ふくしゅう）：アルファベットと単語

アルファベット②

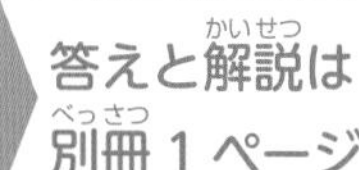
答えと解説（かいせつ）は別冊（べっさつ）1ページ

1 R～Zまで，音声を聞いて，まねして言いましょう。そのあと，うすい字をなぞってから，自分で書いてみましょう。 【全部書いて40点】

大文字

R R

S S

T T

U U

V V

V と書いてもいいよ。

W W

W と書いてもいいよ。

X X

Y Y

Z Z

小文字

r r

s s

t t

u u

v v

w w

x x

y y

z z

2 音声を聞いて，聞きとったアルファベットを（　　）からそれぞれ1つずつ選んで書きましょう。▭にアルファベットを書くときは，6～8ページの表を見ながら，位置や大きさに気をつけて書きましょう。【1問5点】

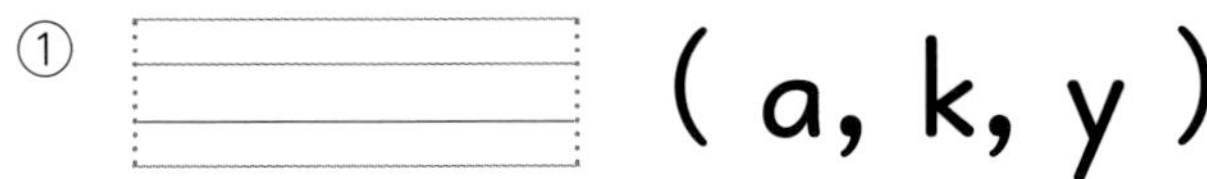
①（ a, k, y ）

②（ f, m, s ）

③（ B, D, P ）

④（ Q, U, W ）

3 次の大文字のアルファベットを小文字で書きましょう。小文字のアルファベットは大文字で書きましょう。▭にアルファベットを書くときは，6～8ページの表を見ながら，位置や大きさに気をつけて書きましょう。【1問5点】

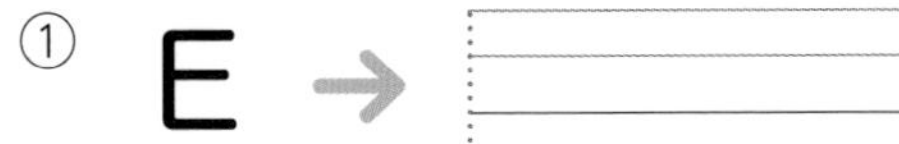
① E →　　② G →

③ J →　　④ P →

⑤ a →　　⑥ f →

⑦ h →　　⑧ r →

◆復習（ふくしゅう）：アルファベットと単語

アルファベットと単語の音

答えと解説（かいせつ）は別冊（べっさつ）1ページ

1 アルファベットの文字と音の関係に注意して音声を聞きましょう。そのあと，まねして言ってみましょう。【全部言って25点】

A a 
apple / April

B b 
bear

C c 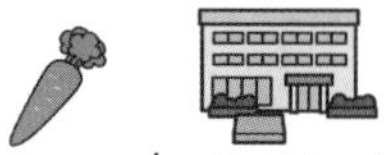
carrot / city hall

D d 
dog

E e 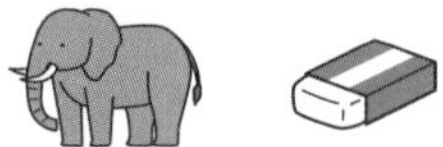
elephant / eraser

F f 
food

G g 
green / gym

H h 
happy

I i 
ink / ice cream

J j 
juice

K k 
kind

L l 
library

M m 
monkey

N n 
nice

O o 
omelet / ocean

P p 
park

Q q 
quiz

R r 
rabbit

S s 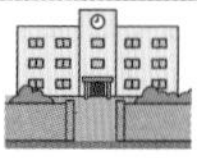
school

T t 
tennis

U u 
under / unicycle

V v 
vegetable

W w 
wash

X x 
six

Y y 
yellow

Z z

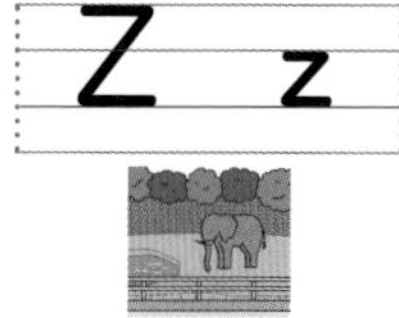

zoo

a は[ア]とも[エイ]とも読むんだね。

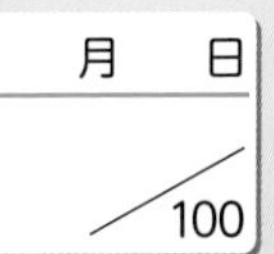

2 音声を聞いて，単語の最初の音が同じなら○を，ちがっていたら×を書きましょう。

【1問5点】

3 音声を聞いて，単語の最初の音が同じ絵を1つ選んで，記号を○で囲(かこ)みましょう。

【1問5点】

レッスン

◆復習：アルファベットと単語

4 食べ物

答えと解説は別冊1ページ

1 音声を聞いて，食べ物を表す単語をまねして言いましょう。【全部言って15点】

わあ，おいしそうな食べ物がたくさんならんでいるね。きみは何が食べたい？

① pizza ピザ
② hamburger ハンバーガー
③ curry and rice カレーライス
④ spaghetti スパゲッティ
⑤ steak ステーキ
⑥ salad サラダ
⑦ cake ケーキ
⑧ ice cream アイスクリーム

2 これから，ユイが好きな食べ物を3つ言います。音声を聞いて，読まれた3つの単語が表す絵を〇で囲みましょう。【全部できて30点】

3 あなたが今，いちばん食べたい食べ物を英語で言ってみましょう。【20点】

果物・野菜

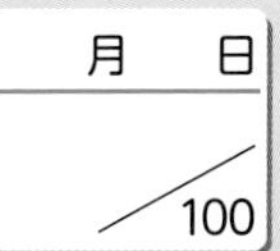

4 音声を聞いて，果物・野菜を表す単語をまねして言いましょう。

【全部言って15点】

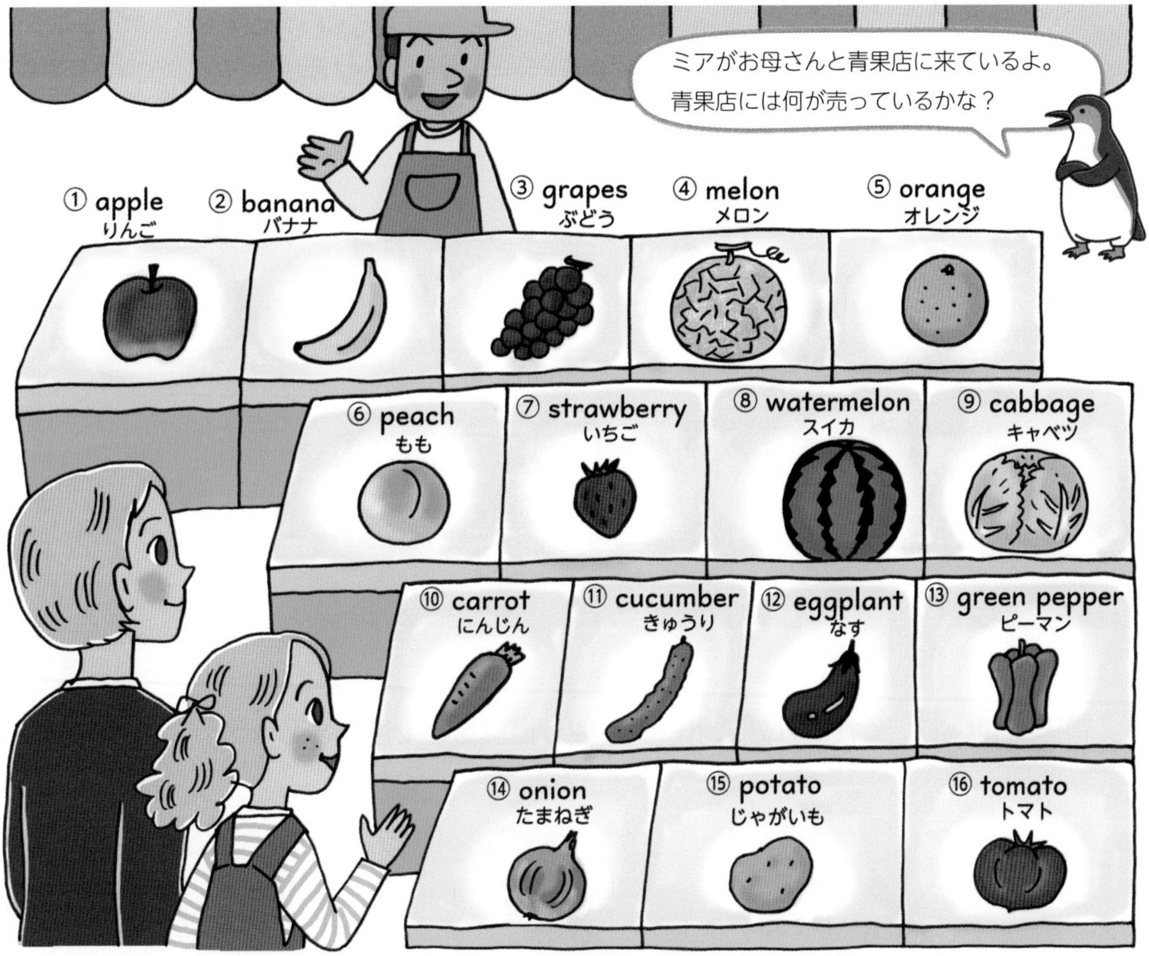

ミアがお母さんと青果店に来ているよ。
青果店には何が売っているかな？

① apple りんご
② banana バナナ
③ grapes ぶどう
④ melon メロン
⑤ orange オレンジ
⑥ peach もも
⑦ strawberry いちご
⑧ watermelon スイカ
⑨ cabbage キャベツ
⑩ carrot にんじん
⑪ cucumber きゅうり
⑫ eggplant なす
⑬ green pepper ピーマン
⑭ onion たまねぎ
⑮ potato じゃがいも
⑯ tomato トマト

5 アヤトは夕食のカレーの材料と食後に食べる果物を買ってくるようにたのまれました。あなたがアヤトなら，何を買いますか。英語で言ってみましょう。【20点】

◆復習：アルファベットと単語

スポーツ

答えと解説は別冊1ページ

1 音声を聞いて，スポーツを表す単語をまねして言いましょう。

【全部言って10点】

2 音声を聞いて，それぞれのスポーツで使う道具を○で囲みましょう。

【1問10点】

①

②

③

動　物

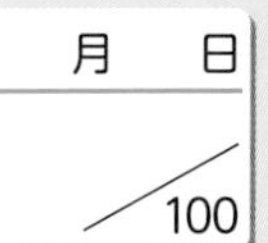

3 音声を聞いて，動物を表す単語をまねして言いましょう。　【全部言って10点】

4 音声を聞いて，読まれた動物を○で囲みましょう。　【1問10点】

①

②

③

5 あなたが今，見たい動物を英語で言ってみましょう。　【20点】

レッスン 6

◆復習：アルファベットと単語

文ぼう具

答えと解説は別冊 2 ページ

1 音声を聞いて，文ぼう具を表す単語をまねして言いましょう。

【全部言って10点】

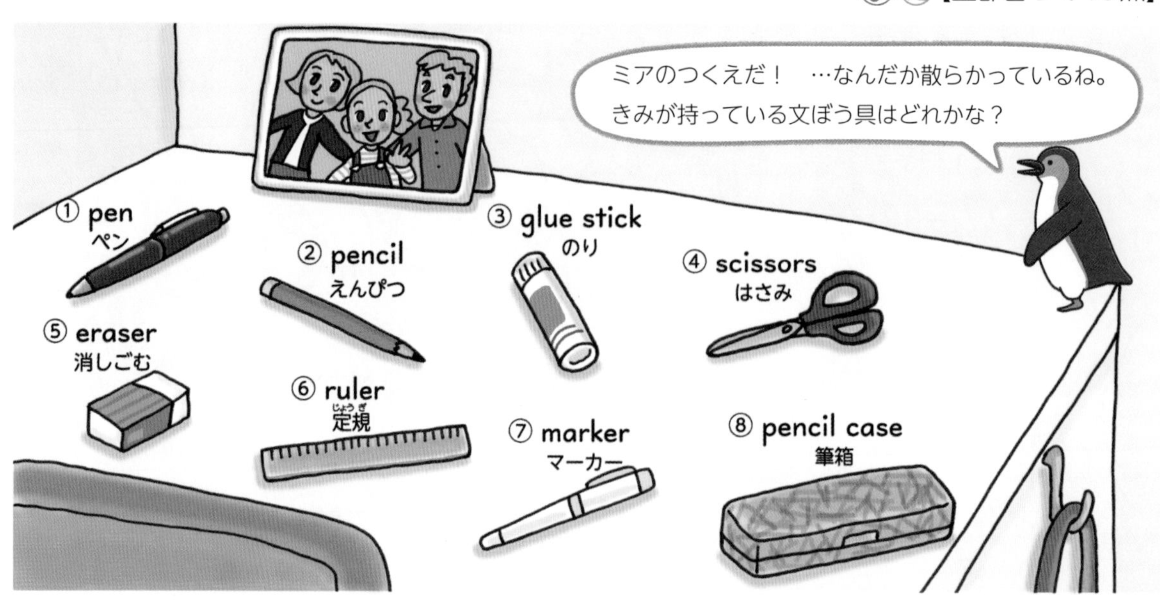

2 これから，ユイ，アヤト，ミア，ジャマールが今ほしい文ぼう具を英語で言います。それぞれの人物がほしい文ぼう具を正しく線で結びましょう。

【1問10点】

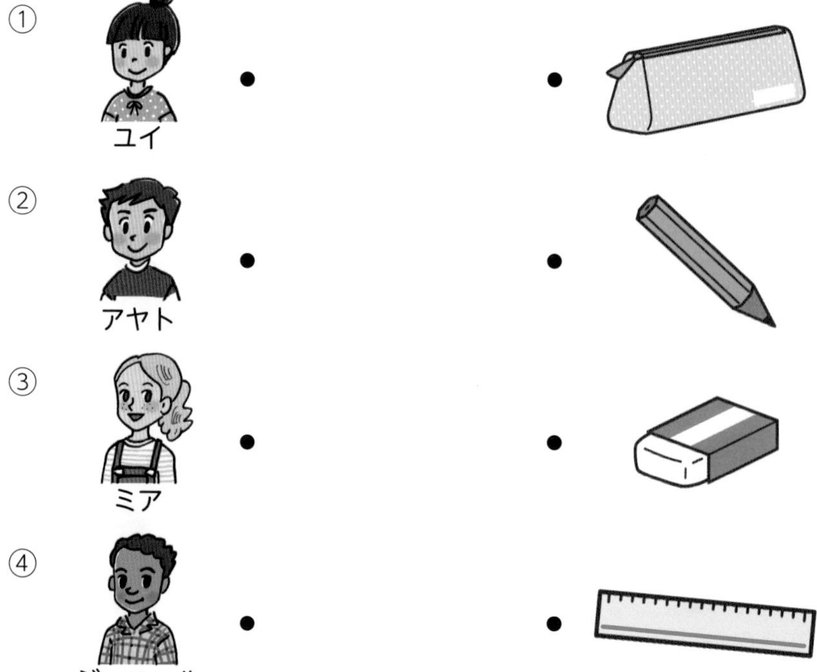

動　作

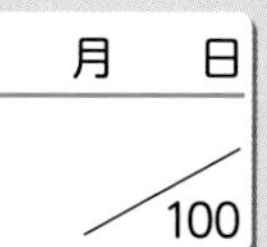

3 音声を聞いて，動作を表す語句(ごく)をまねして言いましょう。　【全部言って10点】

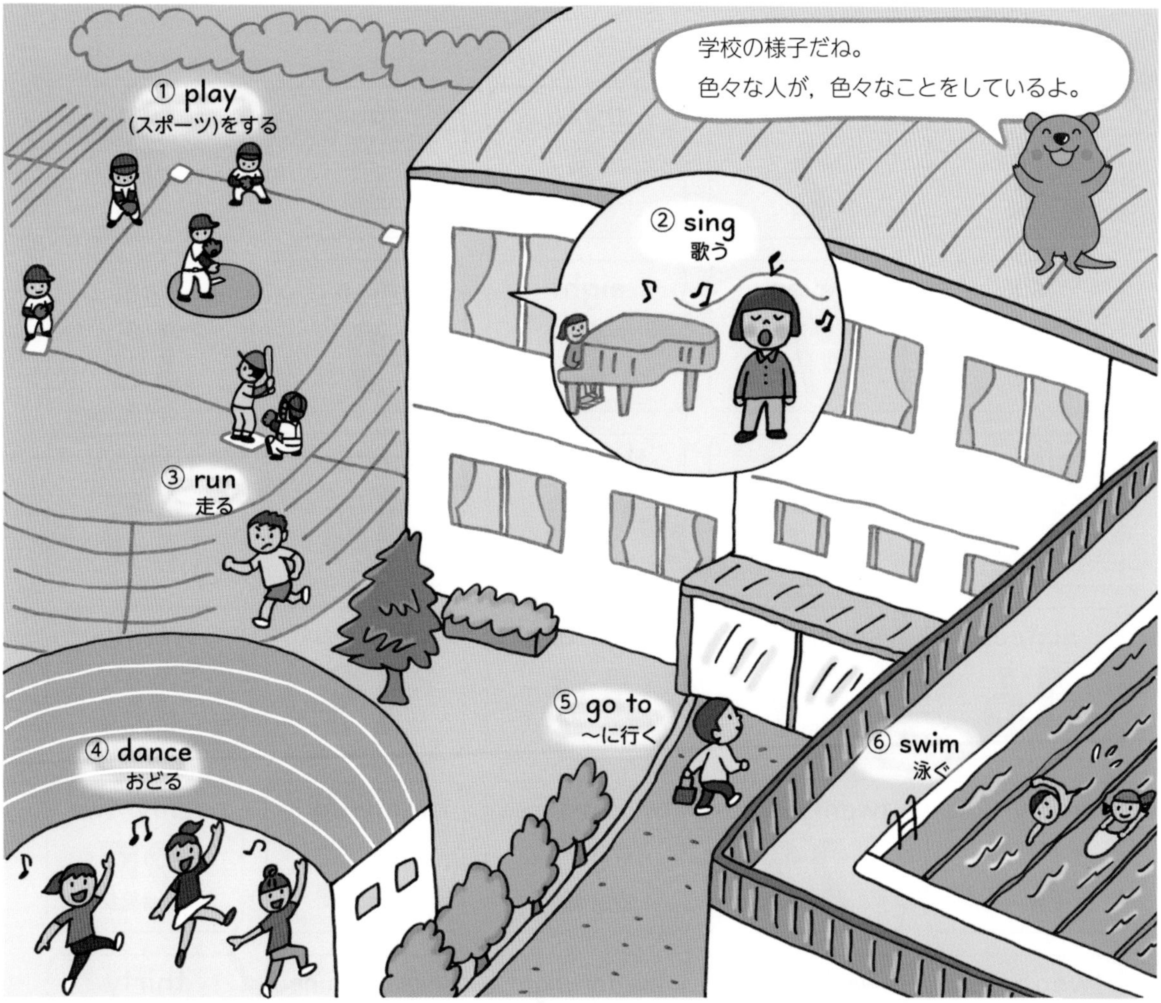

学校の様子だね。
色々な人が，色々なことをしているよ。

① play
(スポーツ)をする

② sing
歌う

③ run
走る

④ dance
おどる

⑤ go to
～に行く

⑥ swim
泳ぐ

4 次の絵を見て，ジャマールとユイが今したいと思っていることは何ですか。英語で言いましょう。　【1問20点】

①

②

レッスン 7

◆復習（ふくしゅう）：アルファベットと単語

数字

答えと解説（かいせつ）は別冊（べっさつ）2ページ

1 音声を聞いて，数字を表す単語をまねして言いましょう。 【全部言って40点】

one 1	two 2	three 3	four 4	five 5
six 6	seven 7	eight 8	nine 9	ten 10
eleven 11	twelve 12	thirteen 13	fourteen 14	fifteen 15
sixteen 16	seventeen 17	eighteen 18	nineteen 19	twenty 20
twenty-one 21	twenty-two 22	twenty-three 23	twenty-four 24	twenty-five 25
twenty-six 26	twenty-seven 27	twenty-eight 28	twenty-nine 29	thirty 30
forty 40	fifty 50	sixty 60	seventy 70	eighty 80
ninety 90	one hundred 100	zero 0		

2 これから，４人の人物が自分の年れいを英語で言います。それぞれの年れいを表す数字を線で結びましょう。　【1問10点】

① 

② 

③ 

④ 

・30

・13

・11

・8

・60

・16

3 これから，アヤトが家族の１人について，その年れいを英語で言います。アヤトにならって，あなたの家族のだれかを１人あげて，年れいを英語で言いましょう。　【20点】

アヤト

家族・年れい：お母さん・40さい

あなた

家族・年れい：＿＿＿＿＿＿＿・＿＿＿＿＿＿＿

レッスン

8 天 気

◆復習：アルファベットと単語

答えと解説は別冊2ページ

1 音声を聞いて，天気を表す単語をまねして言いましょう。

【全部言って10点】

今日の天気予報を見てみよう！

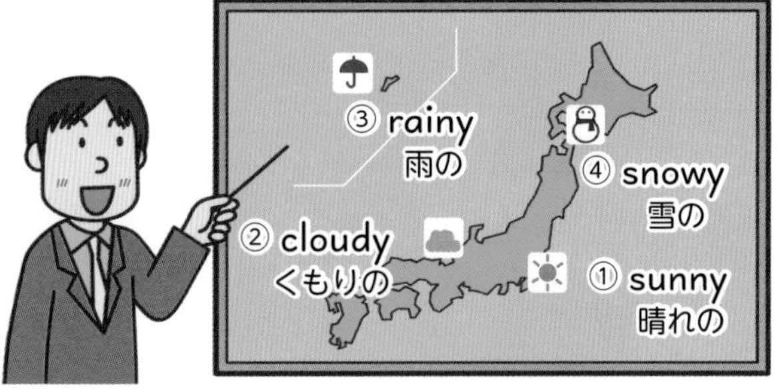

2 次の天気予報を見て，各地の天気を英語で言いましょう。

【1問15点】

① 日本

② アメリカ

③ イギリス

④ 中国

色

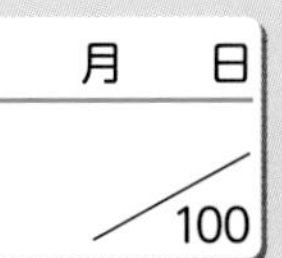

3 音声を聞いて，色を表す単語をまねして言いましょう。 【全部言って10点】

4 あなたは，次の絵を好きな色を３つ使ってぬることになりました。使う３つの色を英語で言って，色えんぴつを使ってぬってみましょう。 【20点】

レッスン 9

◆復習(ふくしゅう)：アルファベットと単語

英文の書き方

答えと解説(かいせつ)は別冊(べっさつ)2ページ

1 文を書くときのルールを確認(かくにん)して，うすい字をなぞりましょう。 【1問10点】

① 最初の単語の最初の文字は大文字で書きましょう。

This is my brother.

こちらはわたしの兄［弟］です。

② 文の終わりにはピリオド (.) をつけましょう。

I like curry and rice.

わたしはカレーライスが好きです。

③ たずねる文の終わりにはクエスチョンマーク (?) をつけましょう。

Do you like curry and rice?

あなたはカレーライスが好きですか。

④ Yes や No の後ろに文が続くときにはコンマ (,) をつけましょう。

Yes, I do.

はい，好きです。

⑤ I am → I'm や Let us → Let's など，短く言うときのアポストロフィ (') をわすれずに書きましょう。

I'm good.

わたしは元気です。

単語と単語の間は，小文字１文字分くらいあけて書こう！

This is

１文字分

英語の文の語順

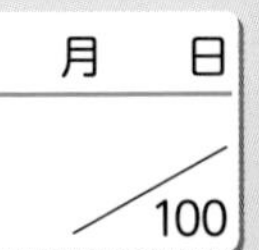

2 英語の語順と日本語の語順のちがいを確認しましょう。 【全部確認して20点】

「わたしは」「あなたは」などのあとに「～です」「～します」がきます。

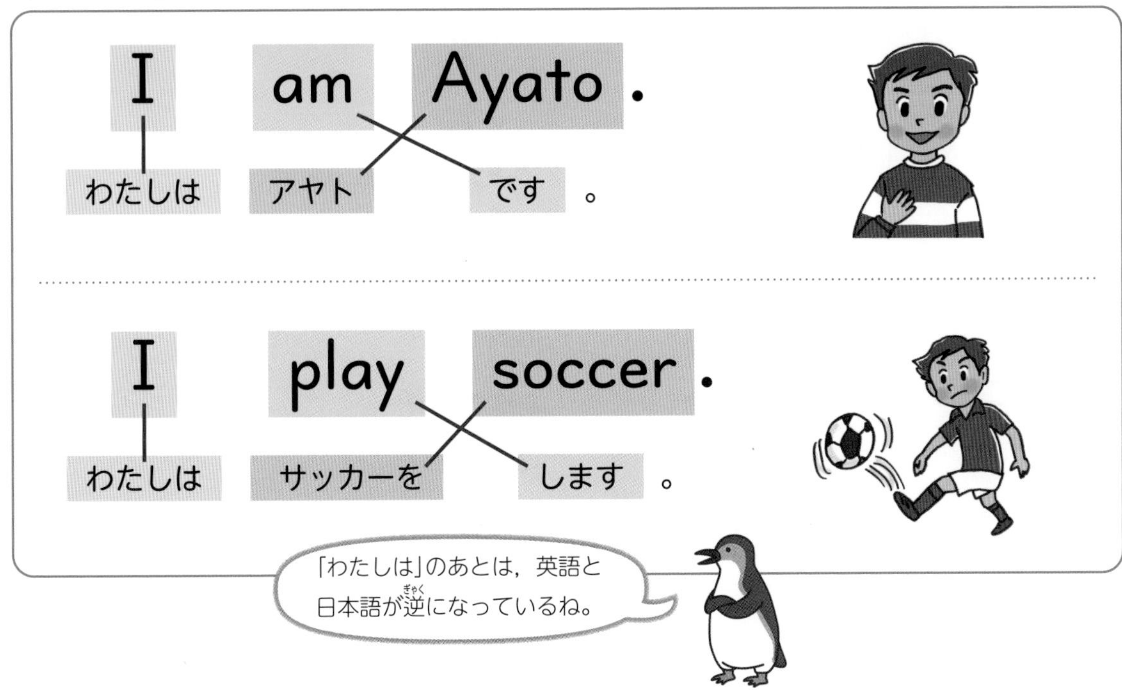

3 次の英語の文を，**2**を参考にして，正しくならべかえて書いてみましょう。 【1問15点】

① わたしはユイです。

I Yui am.

➡ ＿＿＿＿＿＿＿＿＿＿＿＿＿＿＿＿.

② わたしは野球をします。

baseball play I.

➡ ＿＿＿＿＿＿＿＿＿＿＿＿＿＿＿＿.

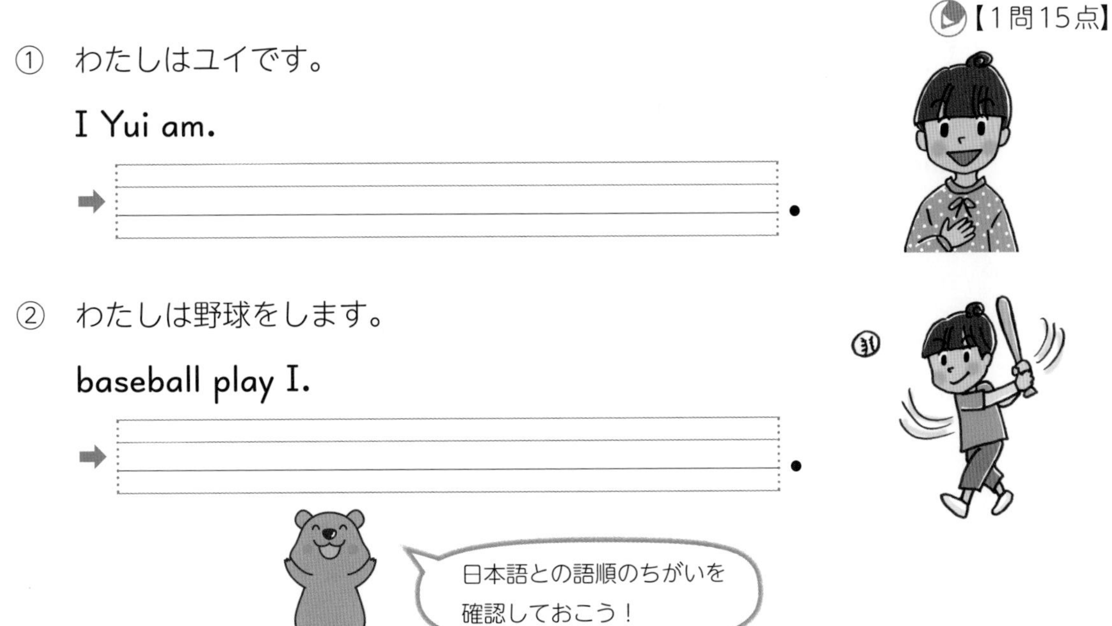

◆復習：アルファベットと単語

まとめ問題① レッスン 1～9

答えと解説は別冊 2 ページ

1 左の大文字と合う小文字を□に書いて単語を完成させましょう。 【1問2点】

① G 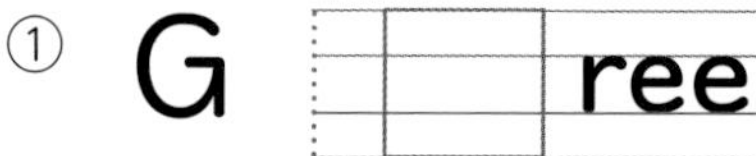  reen 

② D 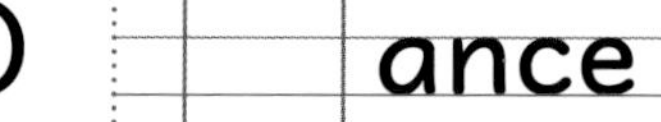 ance 

③ S  unny 

④ P  izza 

⑤ E 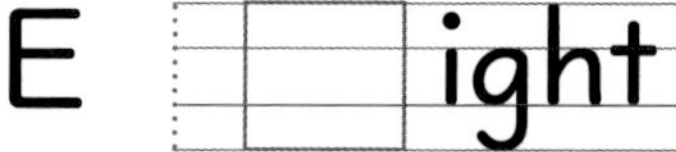 ight 

2 音声を聞いて，読まれた単語を○で囲みましょう。 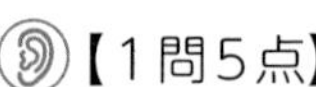【1問5点】

①

black	bird	blue	bear

②

cabbage	cat	curry and rice	carrot

③

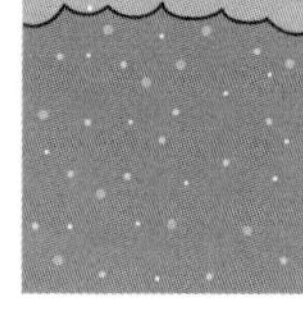			
snowy	salad	softball	soccer

Fair! Good! Great! Excellent!

がんばったね。復習してから再チャレンジ！ ｜ 少しずつ理解できているね。復習しよう！ ｜ いいね！あと一歩！ ｜ すごい！

60点　80点　90点　100点

まとめ問題① 全部できたら

月　日

/100

3 音声を聞いて，読まれた単語を３つの組に分けましょう。読まれた単語が果物ならア，文ぼう具ならイ，スポーツならウを（　　）に書きましょう。【1問5点】

①（　　）　②（　　）　③（　　）

④（　　）　⑤（　　）　⑥（　　）

ア　果物　　イ　文ぼう具　　ウ　スポーツ

4 英語を表す絵を□から選んで，（　　）に記号を書きましょう。【1問5点】

① peach（　　）　② scissors（　　）　③ green（　　）

④ cake（　　）　⑤ dance（　　）　⑥ rainy（　　）

⑦ horse（　　）　⑧ table tennis（　　）　⑨ onion（　　）

ア 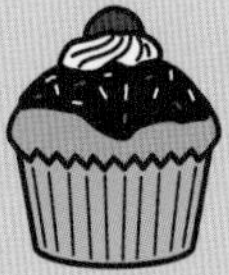
イ 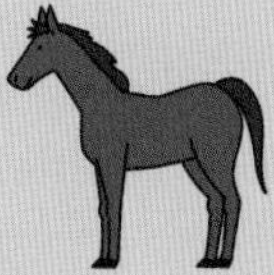
ウ 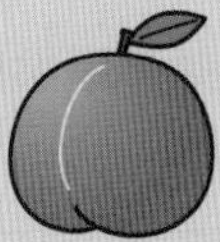
エ 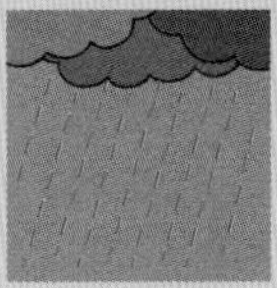
オ 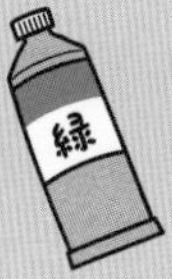
緑
カ 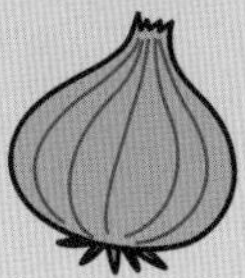
キ 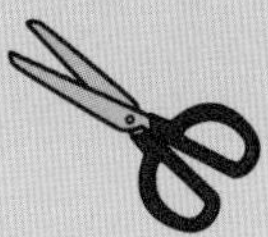
ク 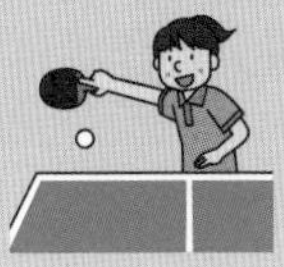
ケ 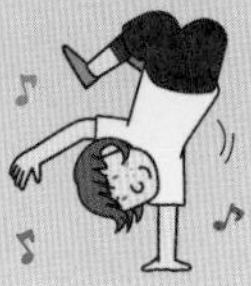

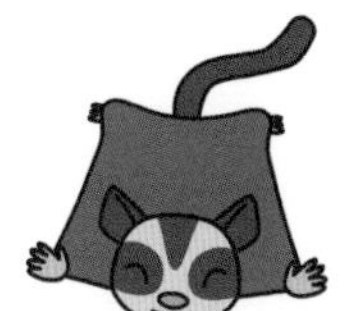

音と文字と意味のつながりがわかったかな？

レッスン 10 ◆自己紹介（じこしょうかい）

自分の名前を伝えよう

答えと解説（かいせつ）は別冊（べっさつ）2ページ

1 場面をイメージしながら，音声を聞きましょう。 【全部聞いて10点】

● I'm Takahashi Yui.

「わたしは高橋ユイです。」

● My name is Mia.

「わたしの名前はミアです。」

★どちらも自己紹介で自分の名前を伝えるときに使える表現（ひょうげん）です。
★I'mはI amを短くした形です。
★Yui Takahashiのように，名前→姓（せい）の順番でもよいです。
★I＝「わたしは」　am＝「～です」／my＝「わたしの」　name＝「名前」　is＝「～です」

2 音声を聞いて，まねして言いましょう。 【1問10点】

① 

I'm Sato Saki.
わたしは佐藤（さとう）サキです。

② 

My name is Max.
わたしの名前はマックスです。

3 音声を聞いて，内容(ないよう)に合う絵の番号を○で囲(かこ)みましょう。【20点】

①

②

③

④

4 音声を聞いて，まねして言ったあと，▭の中に英語を書きましょう。【1問15点】

①  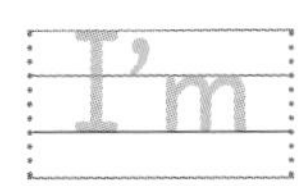 I'm Maya.
わたしはマヤです。

②  My  name 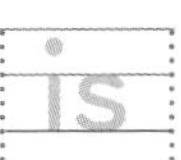 is Diana.
わたしの名前はダイアナです。

5 あなたはクラスメイトのアイザックに自分の名前を伝えます。実際(じっさい)に言ってから，書きましょう。【20点】

My name is Isaac.

Hi, Isaac.
＿＿＿＿＿＿＿＿＿＿＿＿＿＿＿＿.

あなた

レッスン **11**

◆ 自己紹介（じこしょうかい）

好きなもの［こと］を伝えよう

答えと解説（かいせつ）は別冊（べっさつ）3ページ

1 場面をイメージしながら，音声を聞きましょう。 【全部聞いて10点】

- I like cats very much.

「わたしはねこがとても好きです。」

- I don't like dogs.

「わたしは犬が好きではありません。」

★好きなもの［こと］や好きではないもの［こと］を伝える表現（ひょうげん）です。
★like＝「～が好きである」　very much＝「とても」
★don'tはdo not「～しない，～でない」を短くした形です。
★好みを伝える表現のとき，１つではなく種類全体をさすものは，dogsやstrawberriesのように２つ以上の形にして表すことが多いです。

2 音声を聞いて，まねして言いましょう。 【1問10点】

① 
I like strawberries very much.
わたしはいちごがとても好きです。

②
I don't like bananas.
わたしはバナナが好きではありません。

3 音声を聞いて，まねして言ったあと，▭の中に英語を書きましょう。

【1問15点】

レッスン 12

◆自己紹介

持っているものを伝えよう

答えと解説は別冊3ページ

1 場面をイメージしながら，音声を聞きましょう。 【全部聞いて10点】

- I have a red pencil.

「わたしは赤えんぴつを（1本）持っています。」

- I want an eraser.

「わたしは消しごむが（1つ）ほしいです。」

★have＝「～を持っている，飼っている」　want＝「～がほしい」

★a / an＝「1つの」

★1つのものを表すときは，ものの名前の前にaを置きます。ものの名前が母音（a，i，u，e，o）で始まるときは，aではなくanを置きます。

★複数のものを表すときは，I have six pencils.のように2つ以上を表す形にします。

2 音声を聞いて，まねして言いましょう。 【1問10点】

① 

I have a cat.

わたしはねこを1ぴき飼っています。

② I want two onions.

わたしはたまねぎが2つほしいです。

3 音声を聞いて，ほしいものを正しく線で結びましょう。 【1問10点】

① ●

② ●

●

●

●

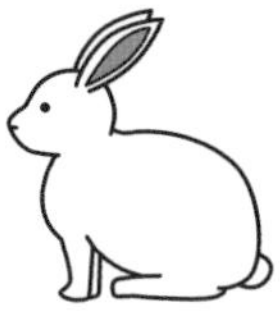

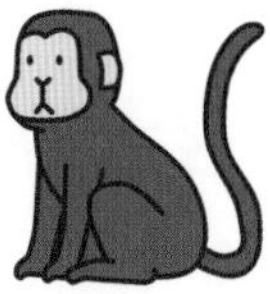

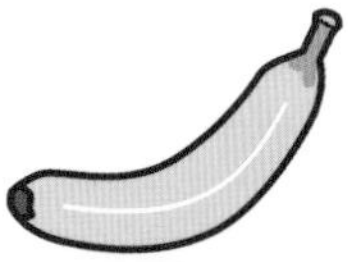

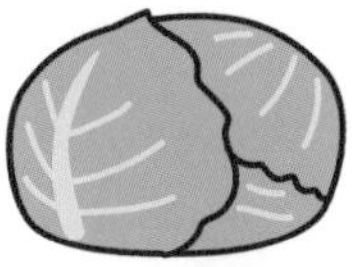

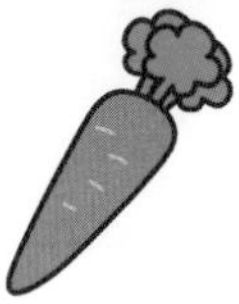

4 音声を聞いて，まねして言ったあと，▭の中に英語を書きましょう。
【1問15点】

① I have an orange.

わたしはオレンジを１つ持っています。

② I want three tomatoes.

わたしはトマトが３つほしいです。

5 あなたのふでばこの中を見て，入っている文ぼう具を言ってみましょう。その中で，１つ（１本）のものを▭から選び，「わたしは～を持っています。」という文を，実際に言ってから書きましょう。 【20点】

あなた

＿＿＿＿ ＿＿＿＿ ＿＿＿＿ ＿＿＿＿.

a pen a pencil an eraser

a ruler a marker

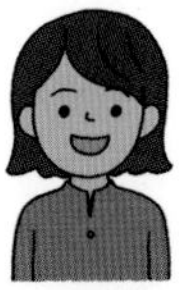

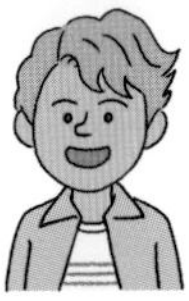

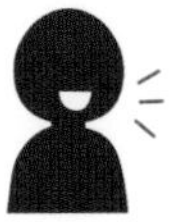

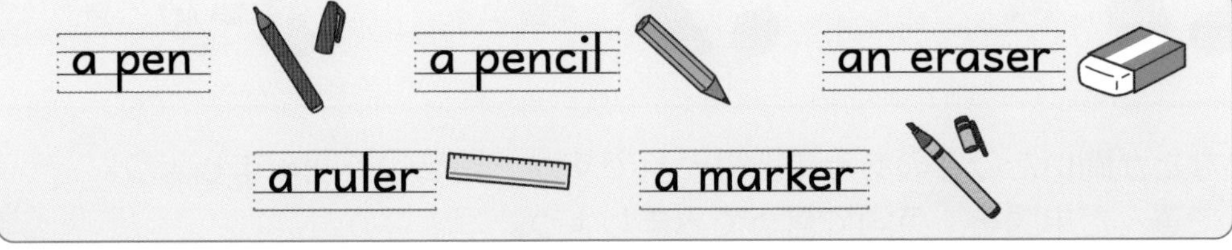

レッスン 13 ◆自己紹介

好きなもの[こと]は何？

答えと解説は別冊3ページ

1 場面をイメージしながら，音声を聞きましょう。 【全部聞いて10点】

● What sport do you like?

「あなたは何のスポーツが好きですか。」

★what＝「何の，どんな」 do you ～？＝「あなたは～しますか。」

「あなたは何の～が好きですか。」は What ～ do you like? で表すよ。

2 音声を聞いて，ものの種類を表す単語をまねして言いましょう。

【全部言って10点】

① あなたが聞いたことのある単語はどれですか。絵を○で囲みましょう。 【5点】

② ①で選んだ単語を，英語で言ってみましょう。 【5点】

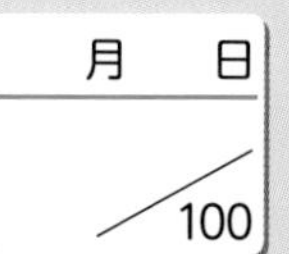

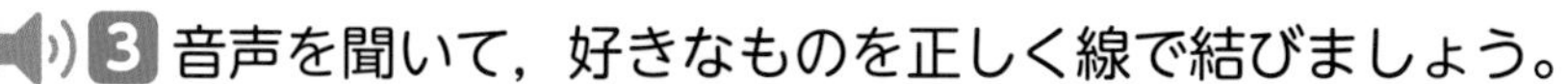

3 音声を聞いて，好きなものを正しく線で結びましょう。 【1問10点】

① 

Maya

② 

Max

4 音声を聞いて，まねして言ったあと，▭の中に英語を書きましょう。 【1問15点】

① 

What 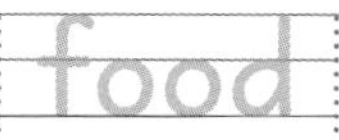 food  do you  like?

あなたは何の食べ物が好きですか。

② 

 vegetable

you like?

あなたは何の野菜が好きですか。

5 あなたはクラスメイトのアイザックに好きな色をたずねます。実際(じっさい)に言ってから，書きましょう。 【20点】

あなた

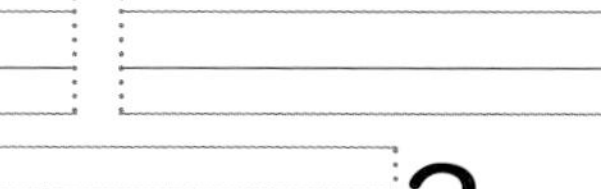 do

you ?

あなたは何色が好きですか。

I like green.

まとめ問題② レッスン 10〜13

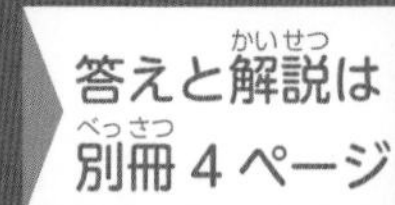

1 音声を聞いて，(　　) 内から正しい語 (句) を選んで○で囲みましょう。

【1 問 20 点】

①

Hello. I am Samantha.

I (like / don't like) vegetables.

But I (like / don't like) fruit.

②

Hi. I am Bill.

I (like / don't like) animals.

I (have / want) a dog at home.

③

Hello. My name is Minami.

I like (soccer / tennis) very much.

I (have / want) a new racket for my birthday.

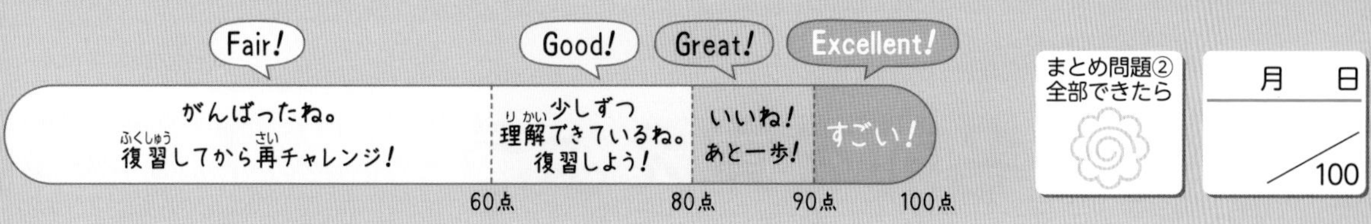

2 音声を聞いて，その内容に合う絵を正しく線で結びましょう。【1問10点】

3 会話が成り立つように，　　に入る語（句）を　　から選んで書きましょう。答える文は，あなたの立場で答えましょう。【20点】

I like ＿＿＿＿＿＿＿＿.

レッスン 14 ◆自己紹介

月の名前を覚えよう

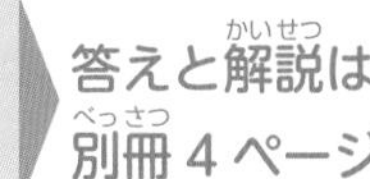
答えと解説は別冊4ページ

1 場面をイメージしながら，音声を聞きましょう。 【全部聞いて10点】

● My birthday is in May.

「わたしのたん生日は5月です。」

★birthday＝「たん生日」　in＝「(～月) に」

2 音声を聞いて，月の名前を表す単語をまねして言いましょう。 【全部言って20点】

January 1月	February 2月	March 3月	April 4月
May 5月	June 6月	July 7月	August 8月
September 9月	October 10月	November 11月	December 12月

① あなたの生まれた月はどれですか。たん生月を○で囲みましょう。 【10点】

② ①で選んだ単語を，英語で言ってみましょう。 【10点】

月の名前は，最初の文字を大文字で書くよ。

月　日

/100

3 月の名前を表す単語をなぞりましょう。　【全部なぞって30点】

1月	2月	3月
January	February	March
4月	5月	6月
April	May	June
7月	8月	9月
July	August	September
10月	11月	12月
October	November	December

4 相手に「わたしのたん生日は○月です。」と伝えます。実際（じっさい）に言ってから，書きましょう。　【20点】

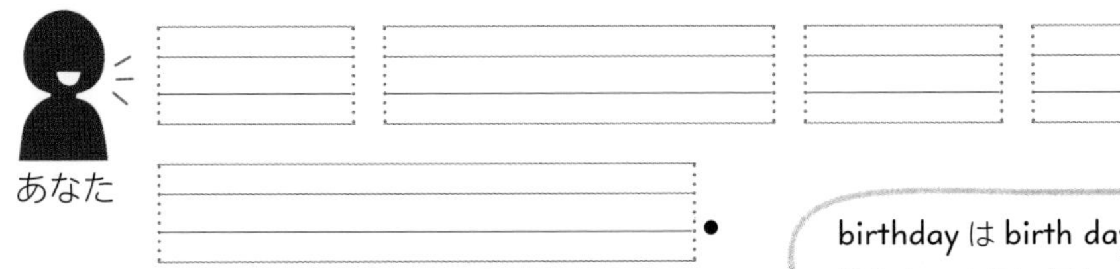

birthday は birth day と2語で書かないように気をつけよう！

レッスン 15 ◆自己紹介(じこしょうかい)

たん生日を伝えよう

答えと解説(かいせつ)は別冊(べっさつ)4ページ

1 場面をイメージしながら，音声を聞きましょう。 【全部聞いて10点】

ユイとミアが引き続き話しているよ。

2 音声を聞いて，日にちを表す単語をまねして言いましょう。 【全部言って10点】

1st 1日	2nd 2日	3rd 3日	4th 4日	5th 5日	6th 6日	7th 7日
8th 8日	9th 9日	10th 10日	11th 11日	12th 12日	13th 13日	14th 14日
15th 15日	16th 16日	17th 17日	18th 18日	19th 19日	20th 20日	21st 21日
22nd 22日	23rd 23日	24th 24日	25th 25日	26th 26日	27th 27日	28th 28日
29th 29日	30th 30日	31st 31日				

① あなたのたん生日はどれですか。日にちを○で囲(かこ)みましょう。 【5点】

② ①で選んだ単語を，英語で言ってみましょう。 【5点】

3 音声を聞いて，英語の意味を確認しましょう。　【全部聞いて10点】

・My birthday is October 15th.

「わたしのたん生日は10月15日です。」

★自分のたん生日を伝える表現です。

★日にちは1st，2nd，3rd…で表します。

4 音声を聞いて，まねして言いましょう。　【1問10点】

① My birthday is August 20th.

わたしのたん生日は8月20日です。

② 

My birthday is March 31st.

わたしのたん生日は3月31日です。

③ 

My birthday is June 14th.

わたしのたん生日は6月14日です。

④ My birthday is November 3rd.

わたしのたん生日は11月3日です。

5 音声を聞いて，2人のたん生日を数字で書きましょう。　【1問10点】

① 

Mari

□月 日

② 

Bruno

□月 日

When is your birthday?

答えと解説は別冊 4 ページ

1 音声を聞いて，英語の意味を確認しましょう。 【全部聞いて10点】

・When is your birthday?

「あなたのたん生日はいつですか。」

★相手のたん生日をたずねる言い方です。

★when＝「いつ」　your＝「あなたの」

When is your birthday? とたずねられたら，It's October 15th. や，単に October 15th. のように言ってもいいよ。

2 音声を聞いて，まねして言いましょう。

【10点】

When is your birthday?

あなたのたん生日はいつですか。

3 音声を聞いて，内容に合う絵の番号を○で囲みましょう。

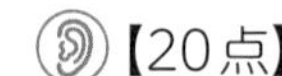

【20点】

①

②

③

7/13

④

友だちや家族にたん生日をたずねてみよう！

When is your birthday?
— My birthday is October 15th.

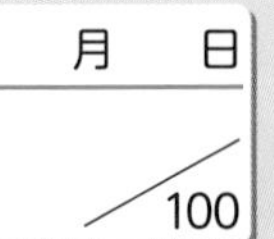

4 音声を聞いて，まねして言ったあと，▭の中に英語を書きましょう。 【1問20点】

① 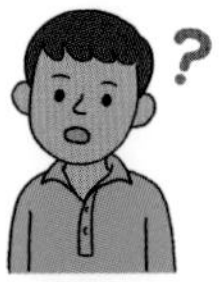 When is your birthday?

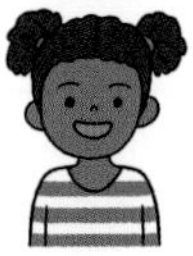

My birthday is January 10th.

わたしのたん生日は1月10日です。

② 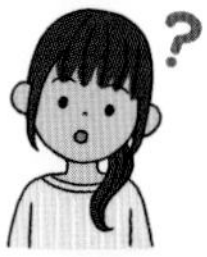 When is your birthday?

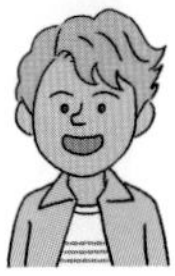

____ birthday is September ____.

わたしのたん生日は9月26日です。

5 あなたはとなりのクラスのマヤに次の質問(しつもん)をされました。月の名前は▭から選び，実際(じっさい)に言ってから書きましょう。 【20点】

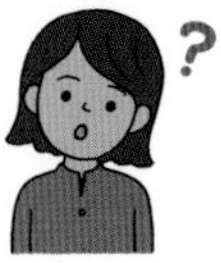

When is your birthday?

My birthday ____ ____ ____.

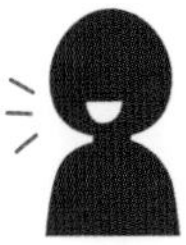

あなた

January	February	March
April	May	June
July	August	September
October	November	December

レッスン 16 ◆自己紹介

名前のつづりは？

答えと解説は別冊5ページ

1 場面をイメージしながら，音声を聞きましょう。 【全部聞いて10点】

アヤトの家に遊びに行ったジャマールが，
アヤトのお母さんに自己紹介しているよ。

● How do you spell your name?

「あなたの名前はどのようにつづりますか。」

★how＝「どのように」　spell＝「つづる」　your name＝「あなたの名前」

答えるときは，自分の名前のつづりのアルファベットを
1文字ずつ，はっきりと相手に伝えよう。

2 音声を聞いて，まねして言いましょう。 【10点】

How do you spell your name?

あなたの名前はどのようにつづりますか。

3 次の①と②の場面について，それぞれ会話を聞いて，①は女の子の名前を，②は男の子の名前をアルファベットで書きましょう。 【1問20点】

①

女の子の名前

②

男の子の名前

4 次の①と②の質問に，あなたの立場で答えましょう。

① 相手に「わたしは○○です。」と自己紹介します。実際に言ってから，書きましょう。 【20点】

② ①のあと，相手からHow do you spell your name?とたずねられました。あなたは英語でどのように答えますか。実際に言ってみましょう。 【20点】

まとめ問題③ レッスン 14〜16

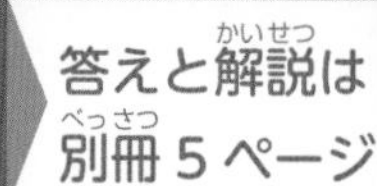

1 音声を聞いて，(　　) 内から正しい語を選んで○で囲みましょう。

【1問20点】

①

Hi. I am John. J-O-H-N, John.

My birthday is in (April / August).

I want new shoes for my birthday.

②

Hi. I am Sean. S-E-A-N, Sean.

My birthday is (June / July) 19th.

I want a new T-shirt for my birthday.

③

Hello. I am Airi. A-I-R-I, Airi.

My birthday is November (12th / 20th).

I want a new pencil case for my birthday.

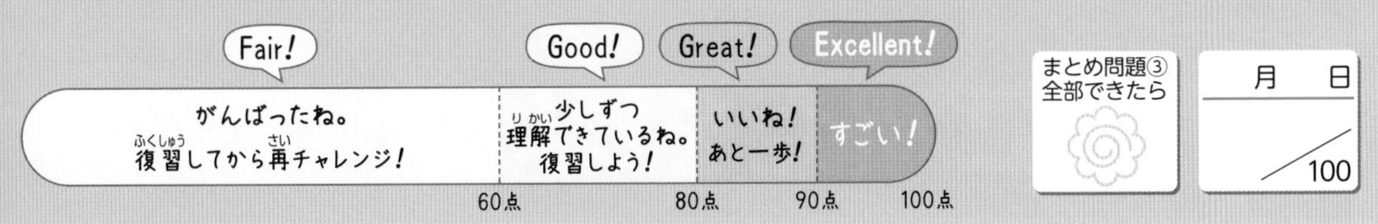

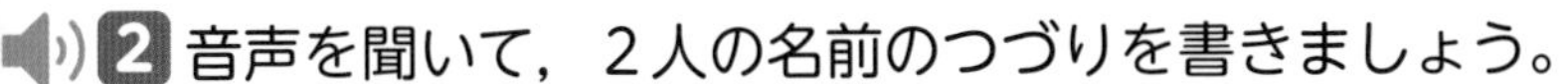

2 音声を聞いて，２人の名前のつづりを書きましょう。 【１問10点】

①

②

3 音声を聞いて，２人のたん生日とたん生日にほしいものを正しく線で結びましょう。 【１問10点】

① Tomoko

② Satoru

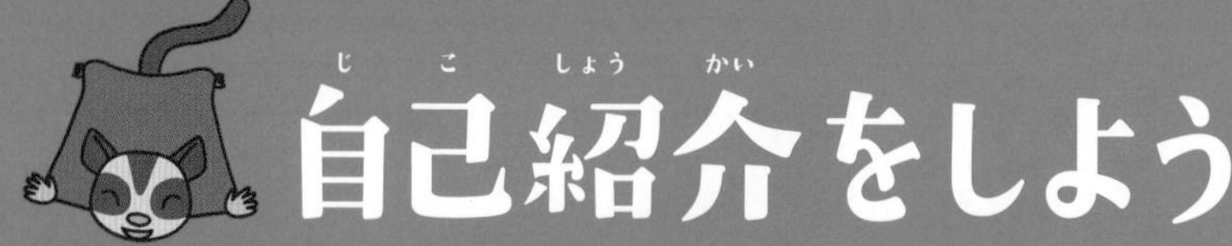

自己紹介をしよう

1 例を参考にして，自己紹介カードを完成させましょう。完成させたあと，□の中の表現を使って，名前などを自分で言ってみましょう。

例）

自己紹介カード

名前：	Hina Arai
たん生日：	February 19th
好きな食べ物：	curry and rice
好きなスポーツ：	basketball
好きな動物：	cats
好きな色：	yellow

食べ物は12ページ，スポーツは14ページ，
動物は15ページ，色は21ページの単語を見ながら書いてみよう！

自己紹介カード

名前：	
たん生日：	
好きな食べ物：	
好きなスポーツ：	
好きな動物：	
好きな色：	

My name is ～. (わたしの名前は～です。)
My birthday is ～. (わたしのたん生日は～です。) ／I like ～. (わたしは～が好きです。)

月　　日

2 例を参考にして，友だちへのバースデーカードを完成させましょう。

例）

名前の書き方にまよったら，26ページを見て確認しよう。

レッスン 17 ◆学校・生活

月曜日に英語はある？

答えと解説(かいせつ)は別冊(べっさつ)6ページ

1 場面をイメージしながら，音声を聞きましょう。 【全部聞いて10点】

2 音声を聞いて，曜日を表す単語をまねして言いましょう。 【全部言って20点】

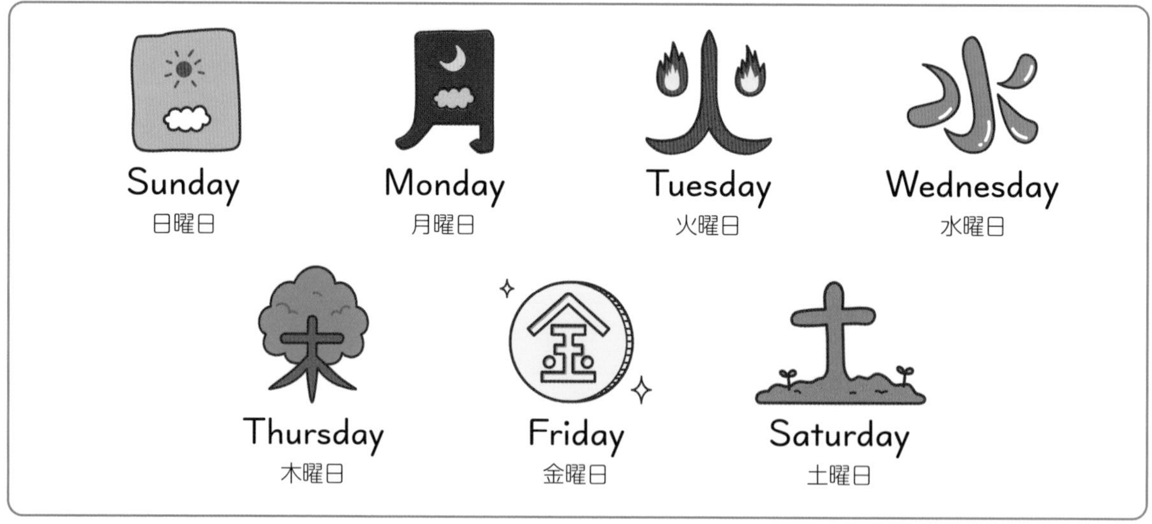

① 今日の曜日はどれですか。絵を○で囲(かこ)みましょう。 【5点】

② ①で選んだ単語を，英語で言ってみましょう。 【5点】

曜日を書くときは，最初の文字を大文字にするよ！

Do you have English on Monday?

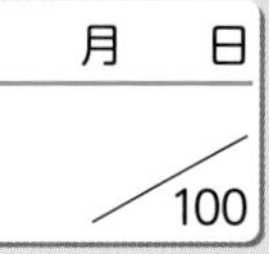

3 音声を聞いて，英語の意味を確認しましょう。　【全部聞いて10点】

● Do you have English on Monday?

「あなたは月曜日に英語がありますか。」

★「～（曜日）に」と言うときは，〈on＋曜日〉で表します。

★「毎週～曜日に」と言うときは，on Mondaysのように曜日にsをつけます。

★English＝「英語」

4 音声を聞いて，まねして言いましょう。　【1問10点】

①

Do you have English on Wednesday?
あなたは水曜日に英語がありますか。

② Do you have English on Thursday?
あなたは木曜日に英語がありますか。

③ Do you have English on Friday?
あなたは金曜日に英語がありますか。

5 音声を聞いて，内容に合う絵の番号を○で囲みましょう。　【20点】

①

②

③

④

レッスン 17　◆学校・生活

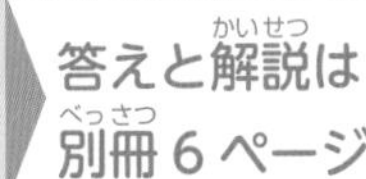

1 音声を聞いて，英語の意味を確認しましょう。　【全部聞いて10点】

- Yes, I do.　「はい，あります。」
- No, I don't.　「いいえ，ありません。」

★Do you ～？とたずねられたら，Yes, I do. / No, I don't.のどちらかで答えます。
★don'tはdo notを短くした形です。

Yes. / No. だけでもいいよ。

2 音声を聞いて，まねして言いましょう。　【1問10点】

①

Yes, I do.
はい，あります。

②

No, I don't.
いいえ，ありません。

3 音声を聞いて，英語の教科がある曜日を〇で囲みましょう。　【20点】

Sunday

Monday

Tuesday

Wednesday

Thursday

Friday

Saturday

Do you have English on Monday?
—Yes, I do. / No, I don't.

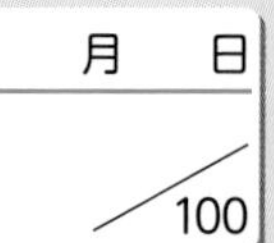

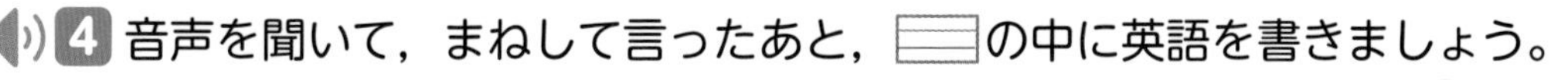

4 音声を聞いて，まねして言ったあと，▭の中に英語を書きましょう。

【1問15点】

①

Do you have English on Friday?

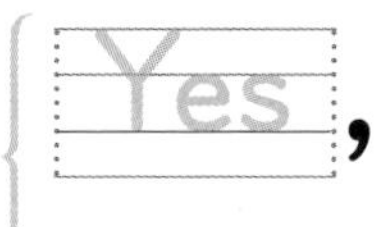

,
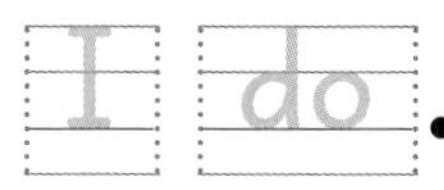

.

はい，あります。

②

Do you have English on Thursday?

,
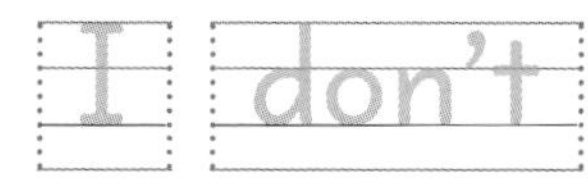

.

いいえ，ありません。

Yes や No のあとにはコンマ（,）をつけるよ。

5 あなたはとなりのクラスの友だちに次の質問をされました。あなたの時間わりを確認して，実際に言ってから書きましょう。【20点】

Do you have English on Monday?

あなた

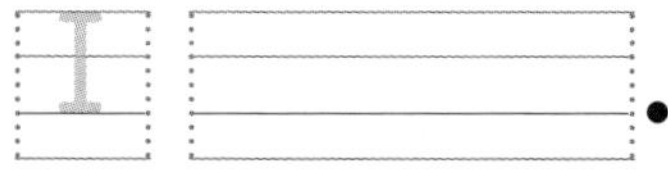

I have English on ＿＿＿＿＿＿＿＿.

レッスン 18 ◆学校・生活

月曜日の教科は？

1 場面をイメージしながら，音声を聞きましょう。【全部聞いて10点】

2 音声を聞いて，教科を表す単語をまねして言いましょう。【全部言って20点】

① あなたの好きな教科はどれですか。絵を○で囲みましょう。【10点】

② ①で選んだ単語を，英語で言ってみましょう。【10点】

I have math on Monday.

月　日
/100

3 音声を聞いて，英語の意味を確認しましょう。　【全部聞いて10点】

I have math on Monday.

「わたしは月曜日に算数があります。」

★I study Japanese on Tuesday.「わたしは火曜日に国語を勉強します。」という表現もよく使います。

教科を表す単語は他にも以下のものがあるよ。
calligraphy　書写　　home economics　家庭科
moral education　道徳　　life studies　生活
homeroom activities　学級活動
integrated studies　総合的な学習の時間

4 音声を聞いて，まねして言いましょう。　【1問10点】

① I have math on Monday.
わたしは月曜日に算数があります。

② I study Japanese on Monday and Wednesday.
わたしは月曜日と水曜日に国語を勉強します。

5 音声を聞いて，それぞれの子が好きな教科と，その教科がある曜日を正しく線で結びましょう。　【1問10点】

①

Kate

②

Taichi

- 月曜日
- 火曜日
- 水曜日
- 木曜日
- 金曜日

What subjects do you have on Monday?

答えと解説(かいせつ)は別冊(べっさつ)6ページ

1 音声を聞いて，英語の意味を確認(かくにん)しましょう。　【全部聞いて10点】

・What subjects do you have on Monday?

「あなたは月曜日に何の教科がありますか。」

★What subjects do you have on Monday?とたずねられたら，2つ以上の教科を答えるとよいでしょう。

★subject＝「教科」

2 音声を聞いて，まねして言いましょう。　【10点】

What subjects do you have on Monday?

あなたは月曜日に何の教科がありますか。

3 次の時間わりは，アリサの時間わりです。アリサの発言の□に当てはまる□の中の教科をすべて○で囲(かこ)みましょう。　【全部できて30点】

	月	火	水	木	金
1	理科	国語	図工	体育	国語
2	社会	音楽	英語	理科	算数
3	体育	家庭	国語	算数	英語
4	算数	総合(そうごう)	算数	国語	図工
			給　食		
5	国語	体育	社会	道徳	社会
6		算数	学活	総合	

Saki: What subjects do you have on Friday?

Arisa: I have □ on Friday.

English

Japanese

social studies

math

science

music

arts and crafts

P.E.

What subjects do you have on Monday?
— I have math and P.E. on Monday.

4 音声を聞いて，まねして言ったあと，▭の中に英語を書きましょう。 【1問15点】

① What subjects do you have on Thursday?

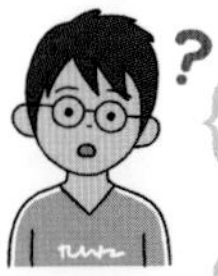

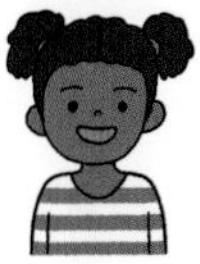

I have P.E. and English on Thursday.　わたしは木曜日に体育と英語があります。

② What subjects do you study on Wednesday?

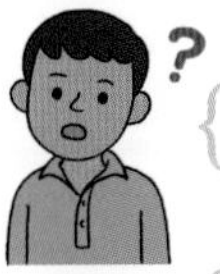

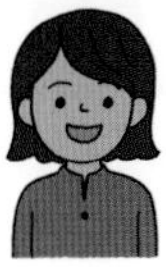

I study music and math on Wednesday.　わたしは水曜日に音楽と算数を勉強します。

5 あなたはとなりのクラスのマヤに次の質問(しつもん)をされました。教科は下の▭から1つ選んで，実際(じっさい)に言ってから書きましょう。 【20点】

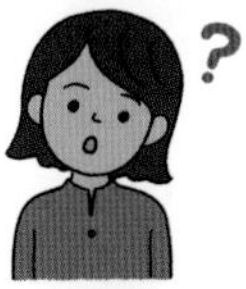

What subject do you have on Monday?

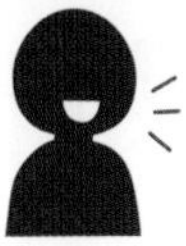

あなた　＿＿ ＿＿ ＿＿＿＿ on Monday.

English 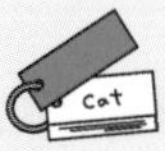　Japanese 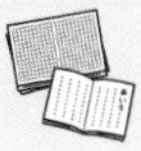　social studies 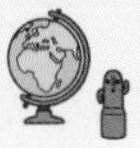
math 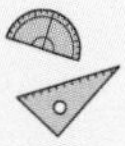　science 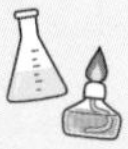　music 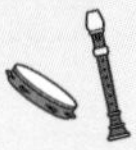
arts and crafts 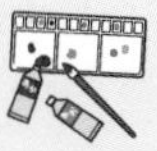　P.E.

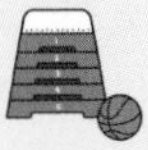

レッスン 19

◆学校・生活

何時に起きる？

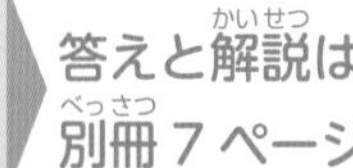

1 場面をイメージしながら，音声を聞きましょう。 【全部聞いて10点】

2 音声を聞いて，１日の生活を表す語句をまねして言いましょう。 【全部言って20点】

get up
起きる

have breakfast
朝食を食べる

go to school
学校に行く

go home
家に帰る

do my homework
宿題をする

have dinner
夕食を食べる

take a bath
おふろに入る

go to bed
ねる

① あなたが毎日午前中に行うことはどれですか。絵を〇で囲みましょう。 【5点】

② ①で選んだ語句を，英語で言ってみましょう。 【5点】

have には「～を食べる」という意味もあるんだよ。
「～を食べる」は eat を使って eat ～とも言うよ。

What time do you get up?

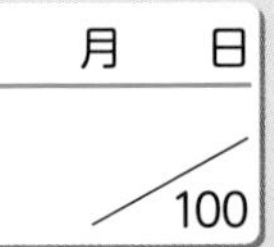

3 音声を聞いて，英語の意味を確認(かくにん)しましょう。 【全部聞いて10点】

・What time do you get up?

「あなたは何時に起きますか。」

★what timeは「何時」という意味です。

★答えるときは，具体的な時こくを言いましょう。

4 音声を聞いて，まねして言いましょう。 【1問10点】

① What time do you get up?
あなたは何時に起きますか。

② What time do you have breakfast?
あなたは何時に朝食を食べますか。

③ What time do you take a bath?
あなたは何時におふろに入りますか。

5 音声を聞いて，内容(ないよう)に合う絵の番号を○で囲みましょう。 【20点】

①

②

③

④

I usually get up at 6:30.

答え(かいせつ)と解説は別冊(べっさつ)7ページ

1 音声を聞いて，英語の意味を確認(かくにん)しましょう。 【全部聞いて15点】

● I usually get up at 6:30.

「わたしはたいてい6時30分に起きます。」

★usually＝「たいてい，ふだん」
★「～時に」と時こくを表すときは，〈at＋時こく〉の形にします。

時こくの表し方

6時に：at 6:00
午前6時に：at 6 a.m.
午後6時に：at 6 p.m.

6時15分に：at 6:15 / at six fifteen

6時30分に：at 6:30 / at six thirty

6時45分に：at 6:45 / at six forty-five

2 音声を聞いて，まねして言いましょう。 【1問10点】

①

I usually get up at 6:30.

わたしはたいてい6時30分に起きます。

②

I usually take a bath at 7:00.

わたしはたいてい7時におふろに入ります。

What time do you get up?
—I usually get up at 6:30.

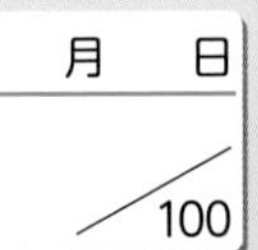

3 音声を聞いて，まねして言ったあと，▭の中に英語を書きましょう。

【1問15点】

① What time do you go to school?

I go to school at 8:00.

わたしは８時に学校に行きます。

② What time do you have dinner?

I usually have dinner ＿＿ 6:30.

わたしはたいてい６時30分に夕食を食べます。

③ What time do you go to bed?

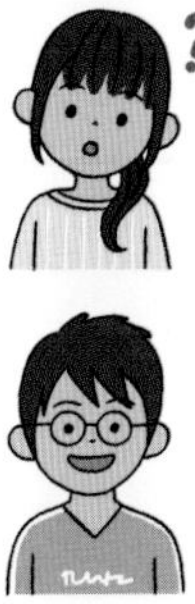

＿＿ usually go to bed ＿＿ 9:30.

わたしはたいてい９時30分にねます。

4 あなたはクラスメイトのリクに次の質問(しつもん)をされ，「わたしはたいてい○時に起きます。」と答えます。実際(じっさい)に言ってから，書きましょう。

【20点】

What time do you get up?

あなた ＿＿ usually ＿＿ ＿＿ ＿＿ ＿＿.

◆学校・生活

まとめ問題④ レッスン 17〜19

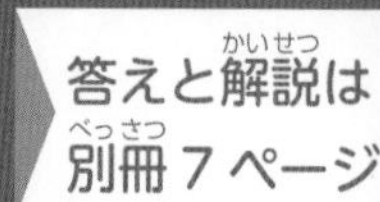
答えと解説は
別冊7ページ

1 音声を聞いて，（　　）内から正しい語（句）を選んで○で囲みましょう。

【1問20点】

①

Hi. I am Tom. I like social studies.

I have social studies on (Tuesday / Friday).

I have (music / arts and crafts) on Wednesday.

②

Hi. I am Lisa. What subject do you like?

I like (math / science) very much.

I have science on (Monday / Thursday).

③

Hello. I am Daniel.

I (do my homework / go home) at 5:00.

I usually have dinner at 7:00. I go to bed at (9:30 / 10:30).

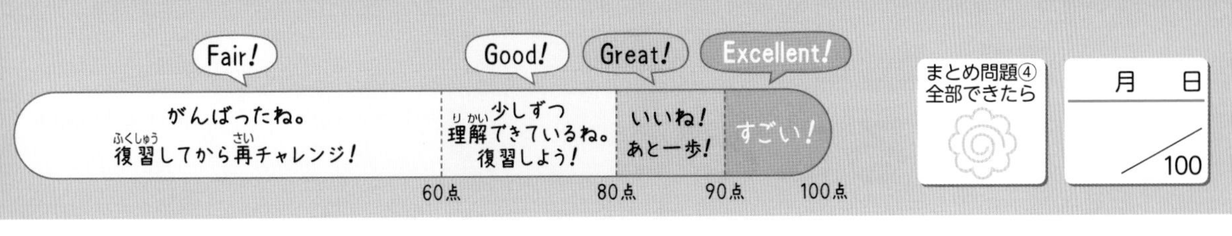

2 音声を聞いて，その内容に合う絵を正しく線で結びましょう。 【1問10点】

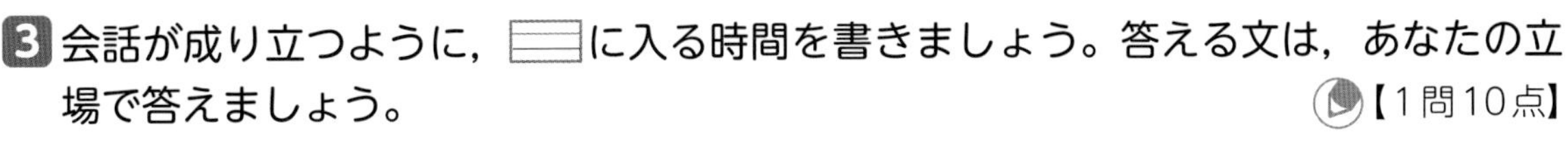

3 会話が成り立つように，▭に入る時間を書きましょう。答える文は，あなたの立場で答えましょう。 【1問10点】

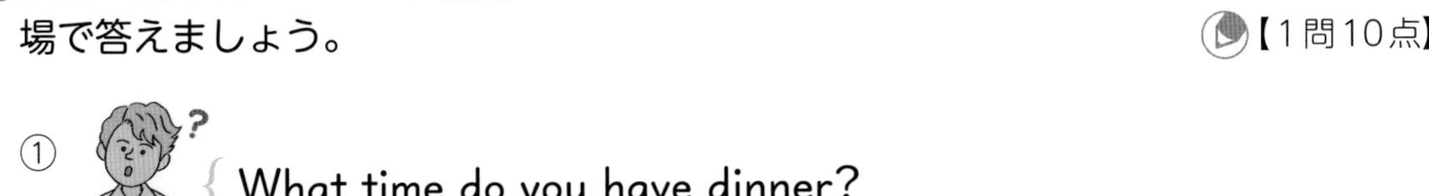

① What time do you have dinner?

I have dinner at ＿：＿.

After that, I usually do my homework at ＿：＿.

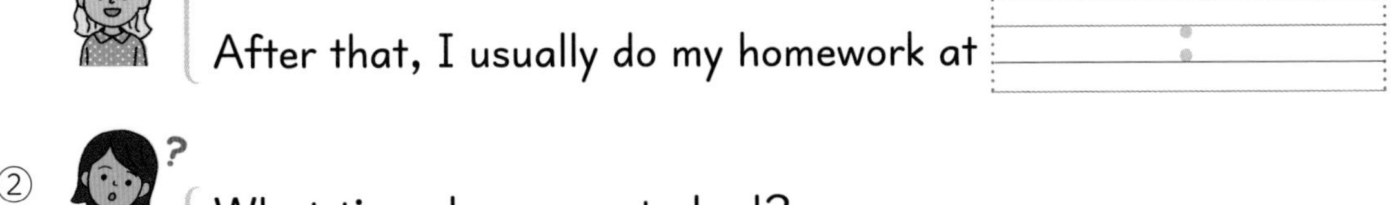

② What time do you go to bed?

I usually go to bed at ＿：＿.

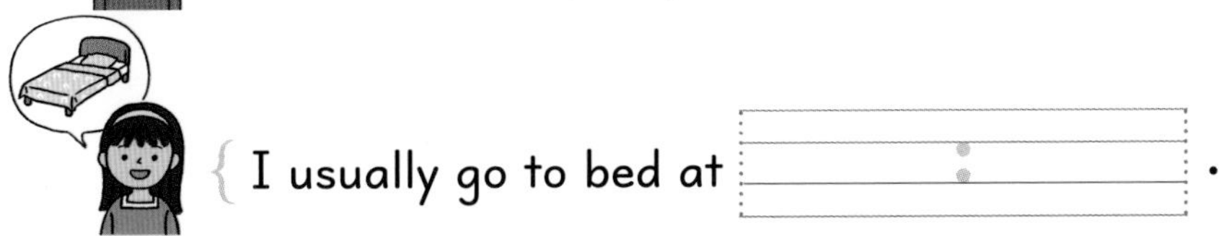

レッスン 20 ◆得意なこと

できること

答えと解説は別冊8ページ

1 場面をイメージしながら，音声を聞きましょう。 【全部聞いて10点】

● I can run fast. 「わたしは速く走ることができます。」

★自分にできることを伝える表現です。

★can＝「～（すること）ができる」　fast＝「速く」

2 音声を聞いて，動作を表す語句をまねして言いましょう。

① あなたにできることはどれですか。絵を○で囲みましょう。 【5点】

② ①で選んだ語句を，英語で言ってみましょう。

3 音声を聞いて，まねして言いましょう。　【1問10点】

① 

I can run fast.

わたしは速く走ることができます。

② I can sing well.

わたしはじょうずに歌うことができます。

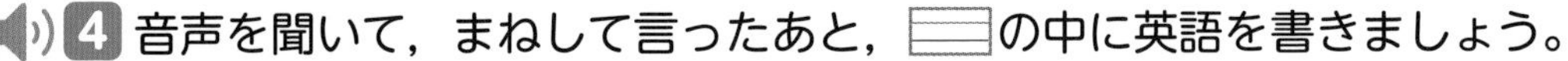

4 音声を聞いて，まねして言ったあと，▭の中に英語を書きましょう。

【1問15点】

① 

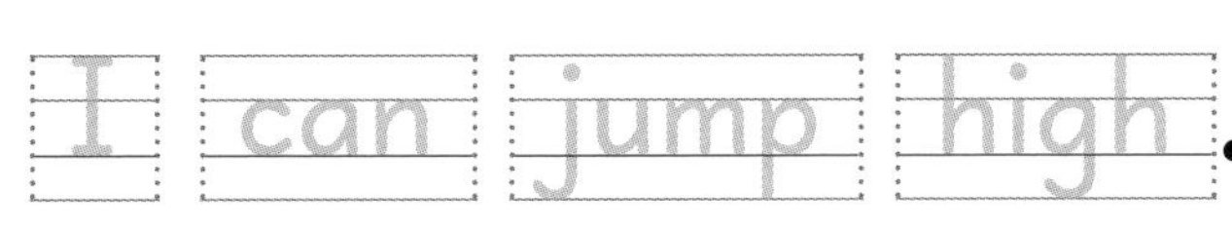

.

わたしは高くとぶことができます。

② 

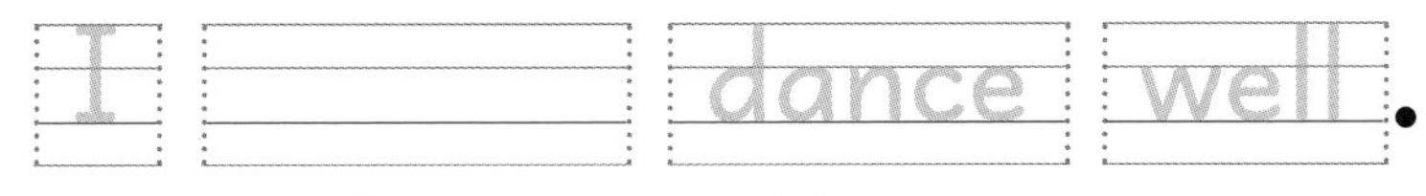

.

わたしはじょうずにおどることができます。

5 あなたのできることを▭から選び，実際(じっさい)に言ってから書きましょう。　【20点】

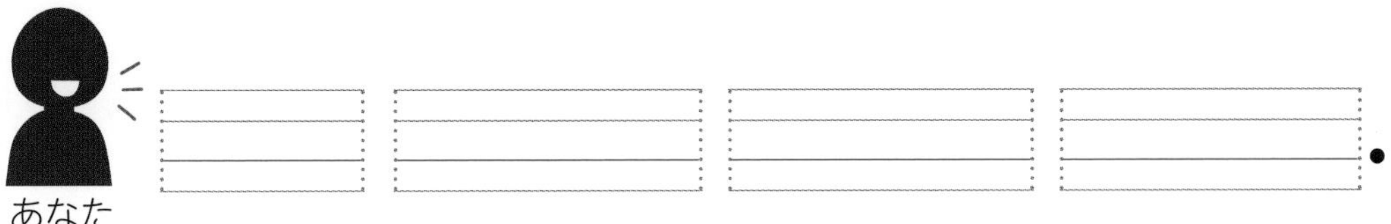

.

レッスン 21　◆得意なこと

できないこと

答えと解説は別冊8ページ

1 場面をイメージしながら，音声を聞きましょう。　【全部聞いて10点】

● I can't swim.

「わたしは泳げません（泳ぐことができません）。」

★自分にはできないことを伝える表現です。

★can't＝「～（すること）ができない」

★can'tはcannotを短くした形です。

★I can't swim well.とwellをつけると，「（泳げるけど）じょうずには泳げない」となります。

2 音声を聞いて，まねして言いましょう。　【1問10点】

①

I can't swim.

わたしは泳げません。

②

I can't run fast.

わたしは速く走れません。

月　日

／100

3 音声を聞いて，じょうずにできないことを正しく線で結びましょう。

【1問10点】

①

Jack

②

Nina

4 音声を聞いて，まねして言ったあと，▭の中に英語を書きましょう。

【1問15点】

①

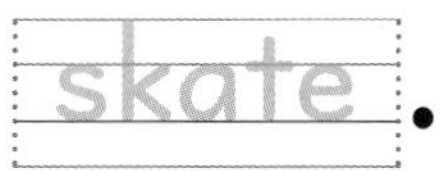
I can't skate.
わたしはスケートをすることができません。

②

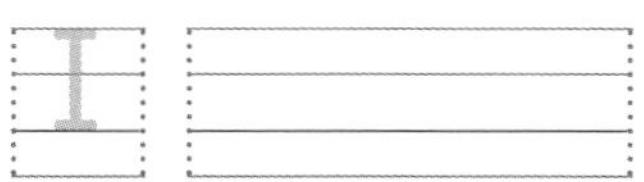

I ＿＿＿＿ ski.
わたしはスキーをすることができません。

5 あなたのできないことを▭から選び，実際(じっさい)に言ってから書きましょう。

【20点】

あなた

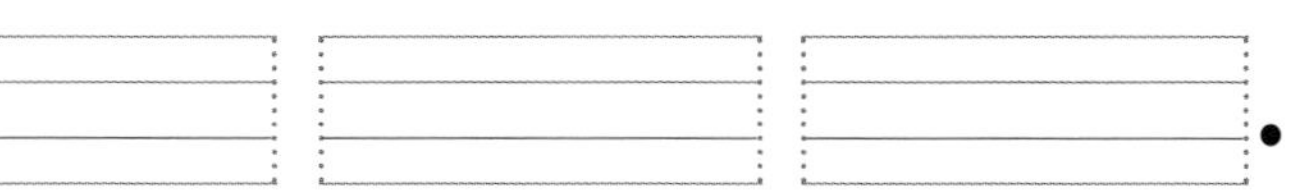

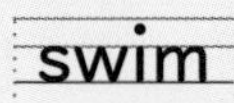

swim　skate　ski　dance

レッスン 22 ◆得意なこと

あなたはできる？

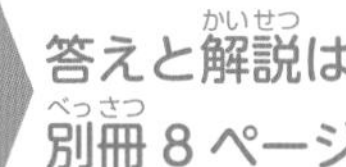

1 場面をイメージしながら，音声を聞きましょう。 【全部聞いて10点】

- Can you play the piano?
  「あなたはピアノをひけます（ひくことができます）か。」
- Yes, I can.
  「はい，ひけます。」
- No, I can't.
  「いいえ，ひけません。」

★できるかどうかをたずねたり，答えたりする表現です。
★答えるときも，canを使います。

「（楽器）を演そうする」と言うときは，楽器の前にtheをつけるよ。

2 音声を聞いて，楽器を表す単語をまねして言いましょう。

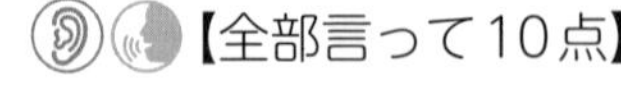

recorder	piano	guitar	violin
リコーダー	ピアノ	ギター	バイオリン

① あなたが演そうできる楽器はどれですか。絵を○で囲みましょう。 【5点】

② ①で選んだ単語を，英語で言ってみましょう。 【5点】

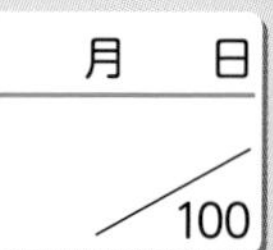

3 音声を聞いて，まねして言いましょう。

Can you play the guitar?

あなたはギターをひけますか。

4 音声を聞いて，その内容(ないよう)に合うものを○で囲みましょう。 【1問10点】

① クロエはバイオリンをじょうずにひくことが (できる・できない)。

② マサキはリコーダーを演そうすることが (できる・できない)。

5 音声を聞いて，まねして言ったあと，▭の中に英語を書きましょう。 【1問10点】

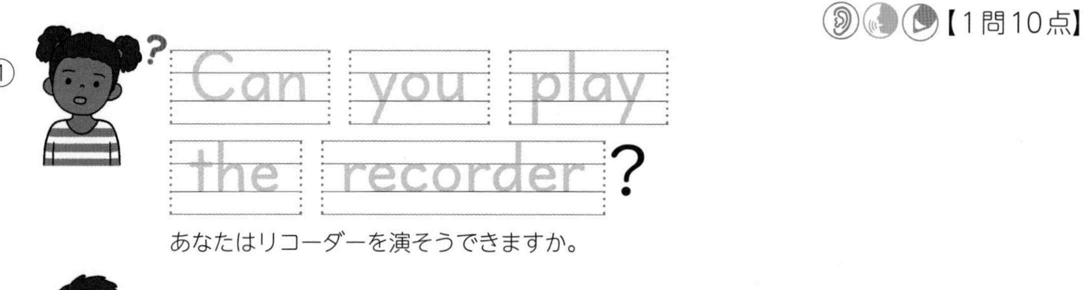

あなたはリコーダーを演そうできますか。

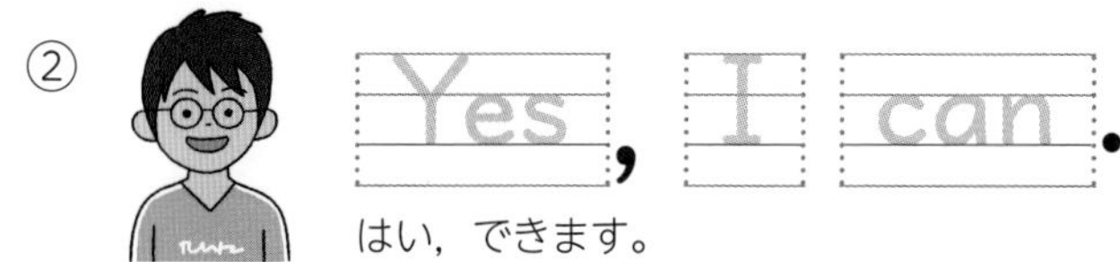

はい，できます。

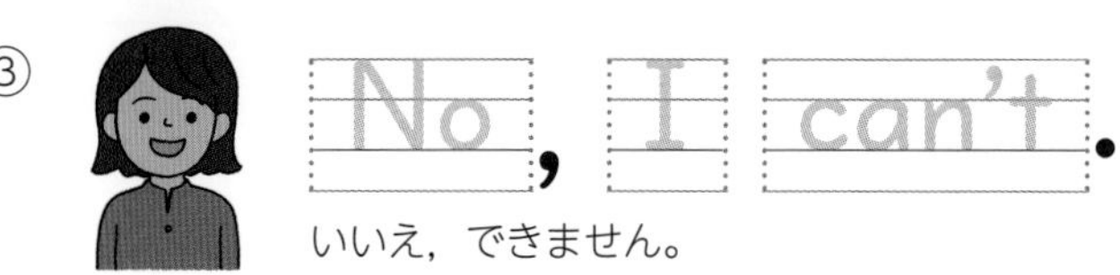

いいえ，できません。

6 あなたはクラスメイトのマックスに次の質問(しつもん)をされました。答えを実際(じっさい)に言ってから，書きましょう。 【10点】

◆得意(とくい)なこと

まとめ問題⑤ レッスン 20〜22

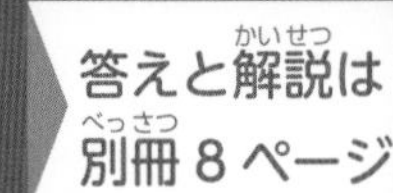

1 音声を聞いて，できることを選んで○で囲(かこ)みましょう。 【1問20点】

①

Miho

②

Jean

③

Luca

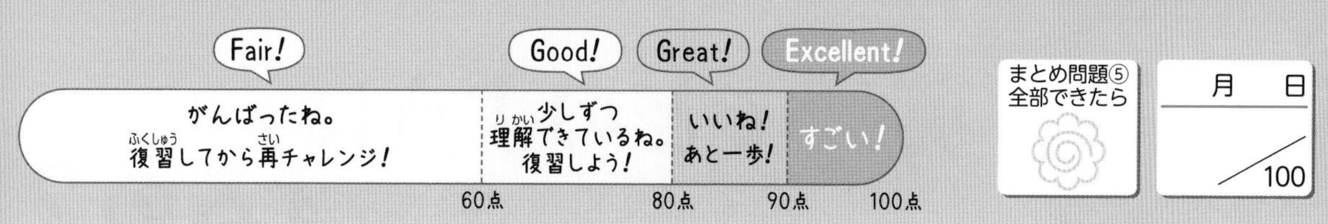

2 音声を聞いて，その内容に合うものを〇で囲みましょう。 【1問10点】

①

Shiho

スポーツが (好き・好きではない)。

じょうずに泳ぐことが (できる・できない)。

②

Nathan

音楽が (好き・好きではない)。

ピアノをひくことが (できる・できない)。

2人ができること・できないことは何かな？

3 絵を見て，会話が成り立つように，＿＿に適する語を書きましょう。 【1問10点】

①

あなた Can you 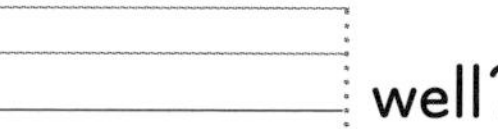 well?

Yes, I can.

②

あなた Can you 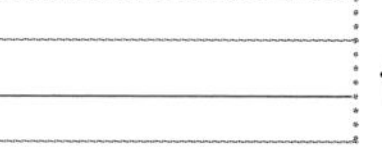 the piano?

No, I can't.

のぞいてみよう
英語の世界 1

英語でどのようにあいさつするの？

アヤト：このあいだ，ジャマールが What's up? って言ってたけど，どういう意味？

ジャマール：「やあ，調子はどう？」という意味だよ。友だち同士で使うんだ。

アヤト：そうなんだ。英語にも，親しい人同士だけで使う表現があるんだね。

ユイ：わたしは，ミアのお父さんがよく Have a nice day! って言ってくれるのが好きだな。「良い１日を過ごしてね！」っていう意味だよね？

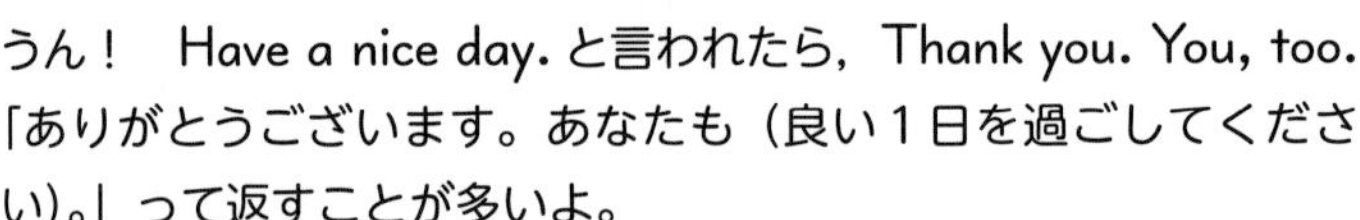

ミア

ユイ：そうなんだ！　すてきだね。今度使ってみよう。

ふつうのあいさつ	親しい人向けのあいさつ
Hello. ／ Hi.　こんにちは。	Hey.　やあ。
How are you?　調子はどうですか。	What's up?　調子はどう？
Good morning.　おはようございます。	Morning.　おはよう。
Goodbye.　さようなら。	Bye.　じゃあね。
See you later.　またあとで。	Later.　またね。
Thank you.　ありがとうございます。	Thanks.　ありがとう。
You're welcome.　どういたしまして。	No problem.　どういたしまして。
I'm sorry.　ごめんなさい。	Sorry.　ごめん。

ぼくが好きな日本語のあいさつは，「いただきます。」と「ごちそうさま。」なんだ。

英語には「いただきます。」はないの？

ぼくの家では Let's eat.（食べましょう。）って言うくらいかな。食事の前に感謝(かんしゃ)のおいのりをする家もあるよ。「ごちそうさま。」のかわりに，Thank you for the nice meal!「おいしいごはんをありがとう！」と言ったりするよ。

なるほど。文化によって，あいさつもちがうんだね。

英語にはないあいさつ	英語で言うなら…
いただきます。	Let's eat.
ごちそうさま。	Thank you for the nice meal.
いってきます。／いってらっしゃい。	See you later.
ただいま。／おかえりなさい。	Hi, ○○（名前）.

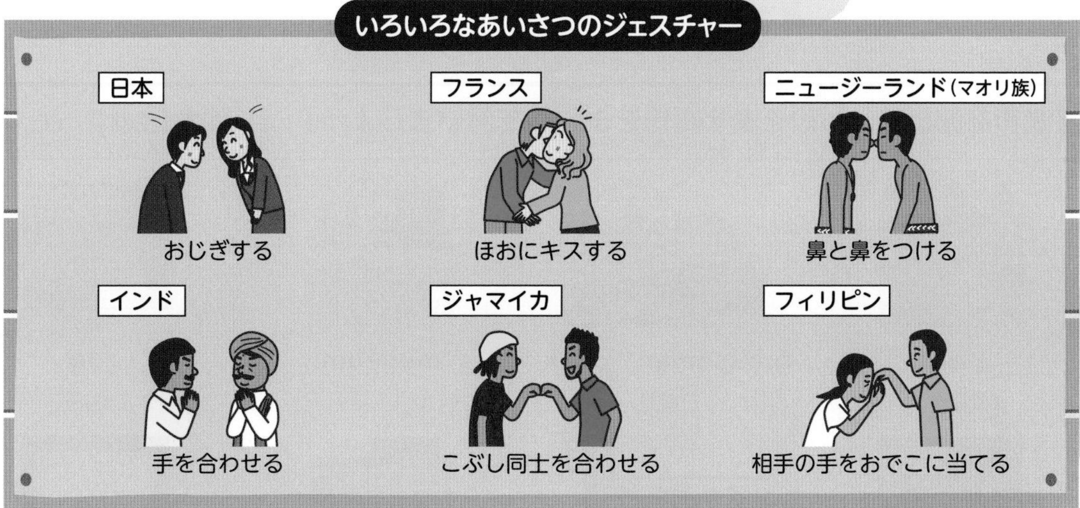

イギリスやオーストラリアでは，No worries. という表現をよく使うよ。これにいちばん近い意味のことばはどれでしょう？
① How are you?　② See you.　③ No problem.

正解(せいかい)は③ No problem. だよ。「大丈夫，気にしないで。」という意味なんだ。

レッスン **23**

◆行きたい場所

どこに行きたい？

答えと解説は別冊 9 ページ

1 場面をイメージしながら，音声を聞きましょう。 【全部聞いて10点】

友だちと遊びに行くときにも使える表現だね。

2 音声を聞いて，し設を表す語句をまねして言いましょう。  【全部言って10点】

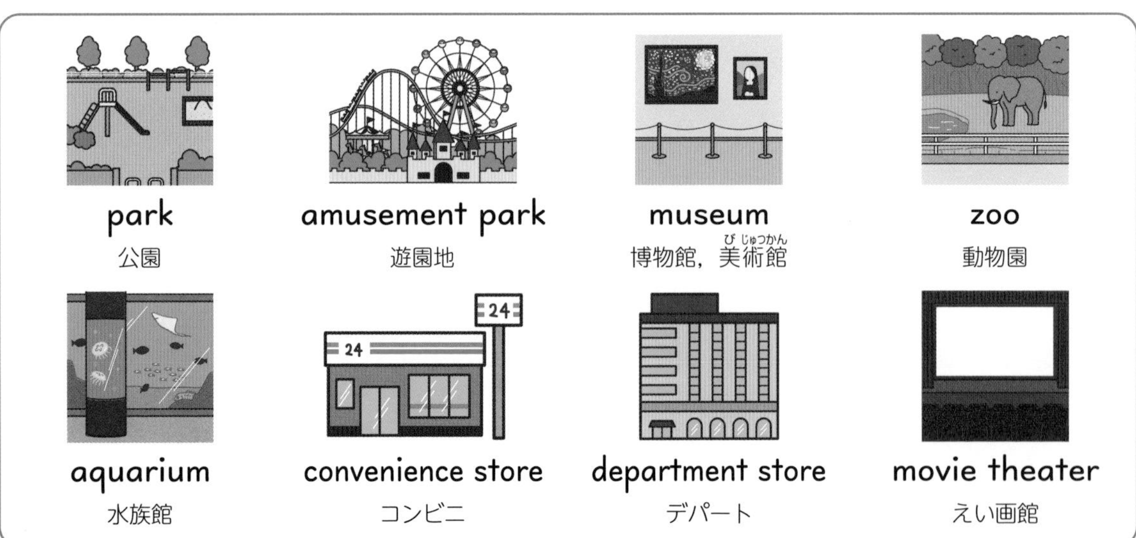

① あなたが行きたいし設はどれですか。絵を○で囲みましょう。 【5点】

② ①で選んだ語句を，英語で言ってみましょう。 【5点】

I want to go to Ueno Zoo.

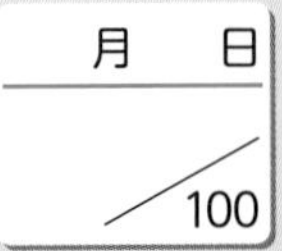

3 音声を聞いて，英語の意味を確認(かくにん)しましょう。 【全部聞いて10点】

・I want to go to Ueno Zoo.

「わたしは上野動物園に行きたいです。」

★want toのあとに動作を表す語を続けると，「～したい」という意味になります。

★具体的なし設名ではないときは，I want to go to a zoo.のように表せます。

あいづちとして“Me, too.”(わたしも。)や“Sounds good.”(いいですね。)などを覚えておこう。

4 音声を聞いて，まねして言いましょう。 【1問10点】

① I want to go to Ueno Zoo.
わたしは上野動物園に行きたいです。

② I want to go to a park.
わたしは公園に行きたいです。

③ I want to go to Shinagawa Aquarium.
わたしはしながわ水族館に行きたいです。

5 音声を聞いて，行きたいし設を正しく線で結びましょう。 【1問15点】

① 
Ren ・

② 
Miku ・

・ 

・ 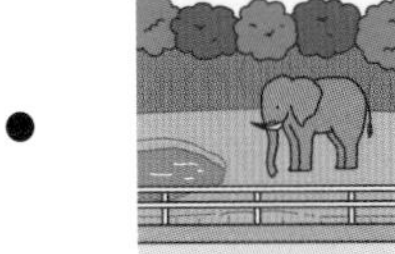

・ 

Where do you want to go?

答えと解説は別冊9ページ

1 音声を聞いて，英語の意味を確認しましょう。 【全部聞いて10点】

● Where do you want to go?

「あなたはどこに行きたいですか。」

★行きたい場所を相手にたずねる言い方です。
★where＝「どこに［へ，で］」
★答えるときは，なるべく具体的な場所を言いましょう。

Ueno Zoo.「上野動物園です。」／ Yamashita Park.「山下公園です。」のように，場所だけを答えてもいいよ。

2 音声を聞いて，まねして言いましょう。 【20点】

Where do you want to go?

あなたはどこに行きたいですか。

 3 音声を聞いて，内容に合う絵の番号を○で囲みましょう。 【20点】

①

②

③

④

Where do you want to go?
— I want to go to Ueno Zoo.

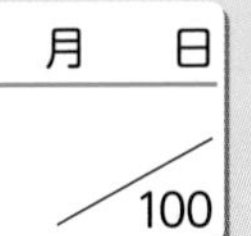

4 音声を聞いて，まねして言ったあと，▭の中に英語を書きましょう。　【1問15点】

① Where do you want to go?

I want to go to an amusement park.　わたしは遊園地に行きたいです。

② Where do you want to go?

＿＿ ＿＿ to go to a department store.　わたしはデパートに行きたいです。

5 あなたはクラスメイトのアイザックに次の質問(しつもん)をされました。し設は自分で▭から選び，実際(じっさい)に言ってから書きましょう。　【20点】

Where do you want to go this Sunday?

★ this Sunday ＝「今週の日曜日」

あなた ＿＿ ＿＿ ＿＿ ＿＿ ＿＿ ＿＿＿＿＿＿＿＿.

a park　a zoo　a museum
an amusement park　an aquarium
a movie theater　a department store

レッスン 24

◆行きたい場所

行きたい理由は？

答えと解説（かいせつ）は別冊（べっさつ）9ページ

1 場面をイメージしながら，音声を聞きましょう。

【全部聞いて10点】

- Why do you want to go there?

「あなたはなぜそこへ行きたいのですか。」

- I want to see pandas.

「わたしはパンダが見たいです。」

★行きたい理由をたずねたり伝えたりするときに使える表現（ひょうげん）です。

★why＝「なぜ」　there＝「そこへ」　see＝「〜を見る」　panda＝「パンダ」

2 音声を聞いて，まねして言いましょう。

【1問10点】

① Why do you want to go there?
あなたはなぜそこへ行きたいのですか。

② I want to see elephants.
わたしはぞうが見たいです。

レッスン24
全部できたら

月　日

/100

3 音声を聞いて，内容に合う絵の番号を○で囲みましょう。【20点】

①

②

③

④

4 音声を聞いて，まねして言ったあと，▭の中に英語を書きましょう。【1問15点】

①

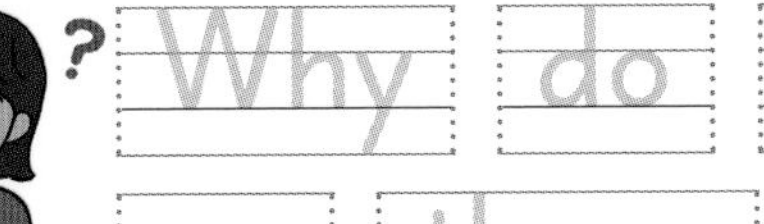

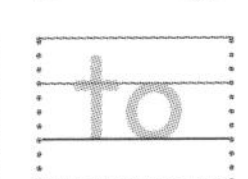

Why do you want to go there?

あなたはなぜそこへ行きたいのですか。

②

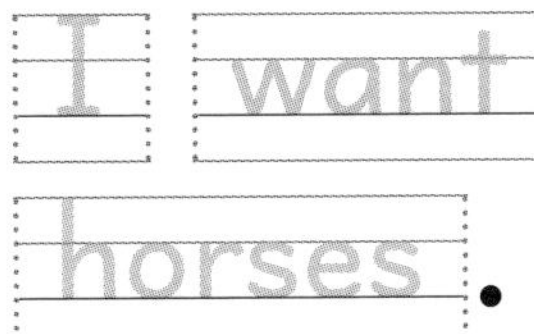

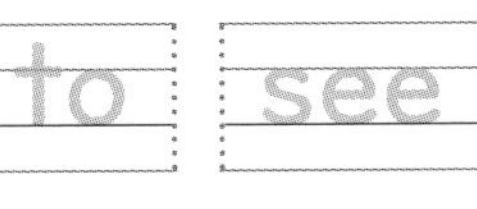

I want to see horses.

わたしは馬が見たいです。

5 クラスメイトのアイザックが，鳥羽水族館に行きたいと言っています。その理由をたずねる質問を，実際に言ってから書きましょう。【20点】

あなた

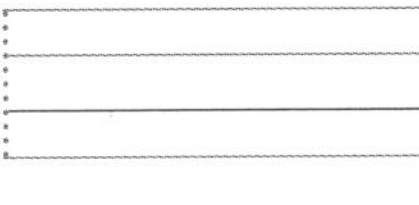

there?

まとめ問題⑥　レッスン 23～24

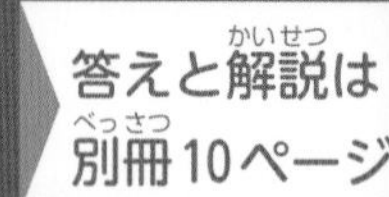

1 音声を聞いて，その内容に合うものを〇で囲みましょう。　【1問10点】

①

Sayaka

旭山（ 水族館 ・ 動物園 ）に行きたい。

そこで（ クマ ・ パンダ ）を見たい。

②

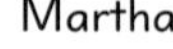

日比谷（ 公園 ・ 遊園地 ）に行きたい。

そこで（ サッカー ・ テニス ）をしたい。

③

Ryan

江戸東京（ 動物園 ・ 博物館 ）に行きたい。

そこで浮世絵を（ 買いたい ・ 見たい ）。

2 音声を聞いて，その内容に合うものを正しく線で結びましょう。

①

Jonathan

②

Fair! がんばったね。復習(ふくしゅう)してから再(さい)チャレンジ！ 60点
Good! 少しずつ理解(りかい)できているね。復習しよう！ 80点
Great! いいね！あと一歩！ 90点
Excellent! すごい！ 100点

まとめ問題⑥全部できたら

月　日

/100

3 サキとマックスが週末の予定について話しています。会話が成り立つように，サキのふきだしに入るものを　から選んで記号を書きましょう。【1問10点】

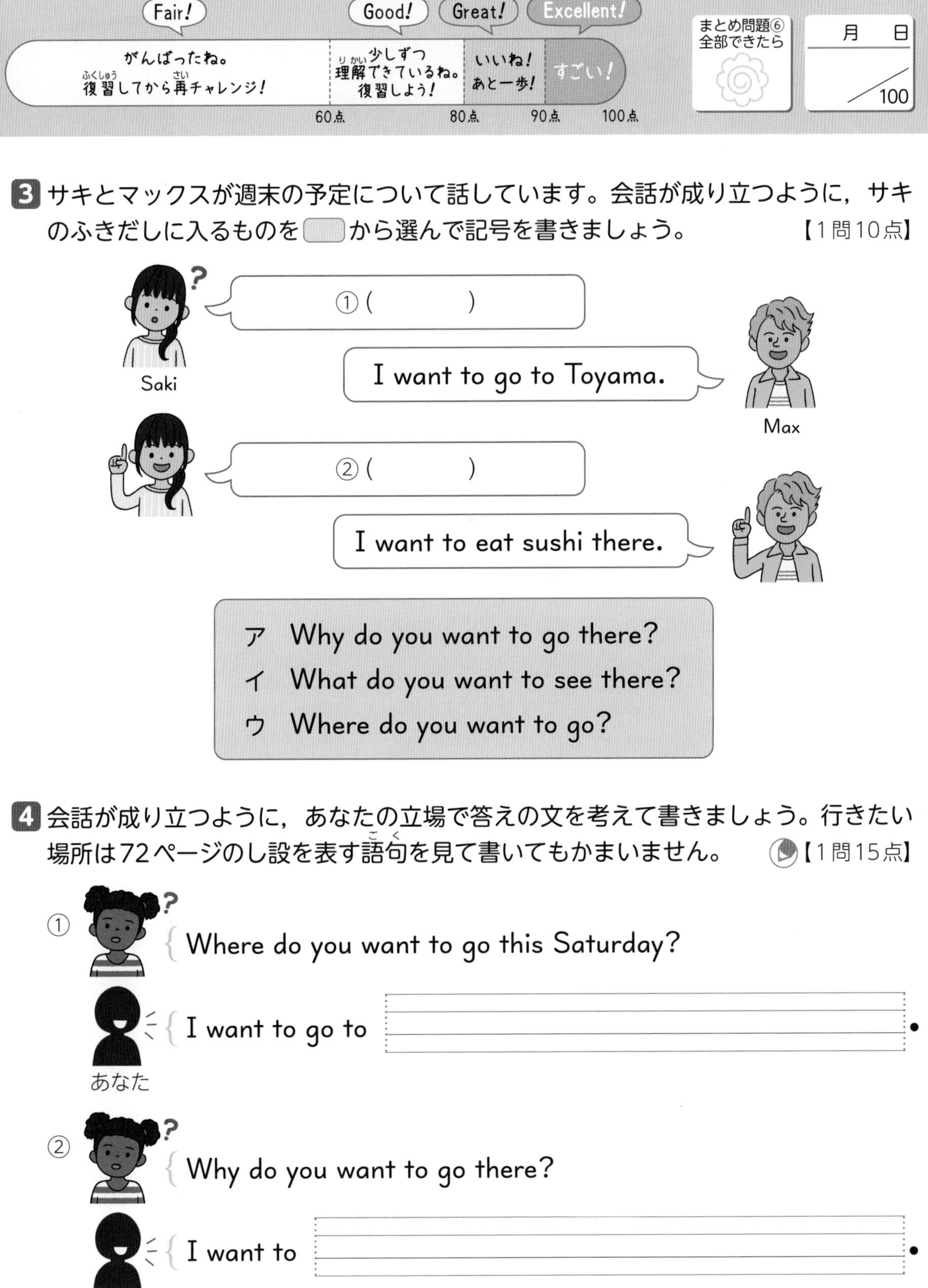

ア　Why do you want to go there?
イ　What do you want to see there?
ウ　Where do you want to go?

4 会話が成り立つように，あなたの立場で答えの文を考えて書きましょう。行きたい場所は72ページのし設を表す語句(ごく)を見て書いてもかまいません。【1問15点】

① Where do you want to go this Saturday?

あなた　I want to go to ＿＿＿＿＿＿＿＿.

② Why do you want to go there?

あなた　I want to ＿＿＿＿＿＿＿＿.

行きたい場所を英語で書けない場合は，ローマ字や日本語で書いてもいいよ。

のぞいてみよう

英語の世界 2

教科書の英語とテレビの英語，どうしてちがうの？

アメリカのドラマを観てたら，Hello. や Hi. じゃなくて Hey. ってあいさつしてたよ。授業で習ったあいさつとちがうんだけど，どういうこと？

Hello. や Hi. ももちろん使うよ。でも，友だちや親しい人には Hey. と言うことが多いかな。

なるほど。ふつうの言い方とくだけた言い方があるってことなんだね。英語にはていねいな言い方もあるの？

I want ～. ではなくて I'd like ～. と言ったり，Can you ～? のかわりに Could you ～? と言ったりするよ。

ふつうの言い方	ていねいな言い方
I want something to drink. 「飲み物がほしいです。」	I'd like something to drink. 「飲み物をいただきたいです。」
Can you open the door? 「ドアを開けてもらえますか。」	Could you open the door? 「ドアを開けていただけますか。」

相手との関係によって言い方を変えるのは，日本語と同じなんだね！

うん。ただ，テレビで聞くようなくだけた言い方は，場合によっては失礼に聞こえたりするから，気をつけたほうがいいよ。

まずは教科書にのっている英語を使えるようになってからだね！

SNSやチャットでは，教科書にのっていない表現(ひょうげん)がたくさん使われるんだ。例えばこんな感じだよ。

Hey, what're you doing now?
「ねえ，今何してるの？」

I'm studying bc I have a test tmrw.
「明日テストがあるから勉強してるよ。」

Oh, good luck!
「おお，がんばって！」

JK. I'm watching anime lol
「冗談(じょうだん)だよ。アニメを見てるよ（笑）」

略語	意味	説明
bc	～だから	because「～だから」を短くしたもの。b/cやcuzなどと書かれることもある。
tmrw	明日	tomorrow「明日」を短くしたもの。
JK	冗談です	Just kidding.「冗談です。」の頭文字(かしらもじ)をとったもの。
LOL	（笑）	laughing out loud「大笑い」の頭文字をとったもの。

暗号みたいでおもしろいね！

速く入力したり，文字数を減らしたりするために，短くした言い方が多いんだよ。日本語も同じだよね。

わたしも明日から使ってみようかな。

場面や相手との関係によって，表現のしかたを変えられるようになるといいね！

レッスン 25

◆位置と場所

どこにいるかを伝えよう

答えと解説は別冊10ページ

1 場面をイメージしながら，音声を聞きましょう。

【全部聞いて10点】

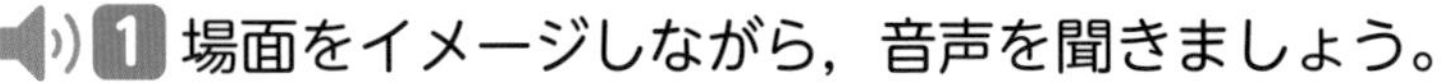

ジャマールがミアの家に遊びに来たよ。

● **He is on the bed.** 「かれ（わたしの犬）はベッドの上にいます。」

★人や動物，ものがどこにいるか・あるかを伝える表現です。

★he＝「かれは」　the＝「その」

2 音声を聞いて，位置や家の中にあるものを表す単語をまねして言いましょう。

【全部言って10点】

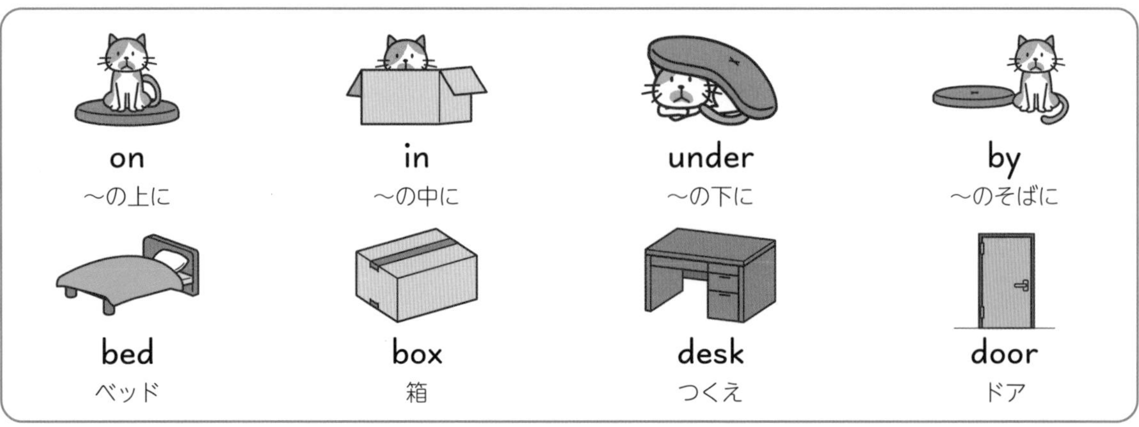

① 今あなたの近くにあるものは，下のだんの単語のうちどれですか。絵を○で囲みましょう。【5点】

② ①で選んだ単語を，英語で言ってみましょう。【5点】

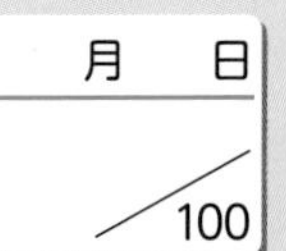

3 音声を聞いて，まねして言いましょう。 【20点】

He is by the door.

かれはドアのそばにいます。

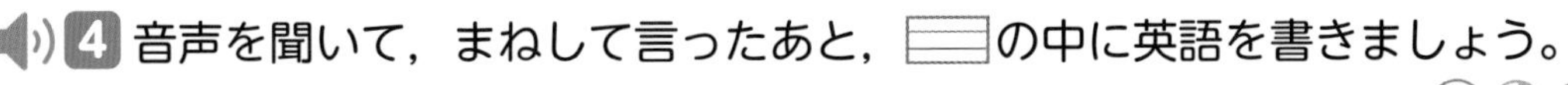

4 音声を聞いて，まねして言ったあと，の中に英語を書きましょう。

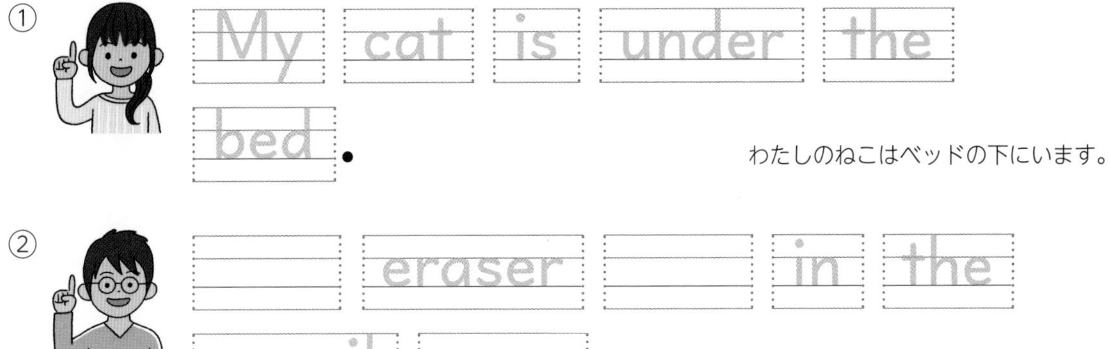

わたしのねこはベッドの下にいます。

わたしの消しごむは筆箱の中にあります。

5 今，つくえの上にあるあなたの持ちものは何ですか。から選び，実際(じっさい)に言ってから書きましょう。 【20点】

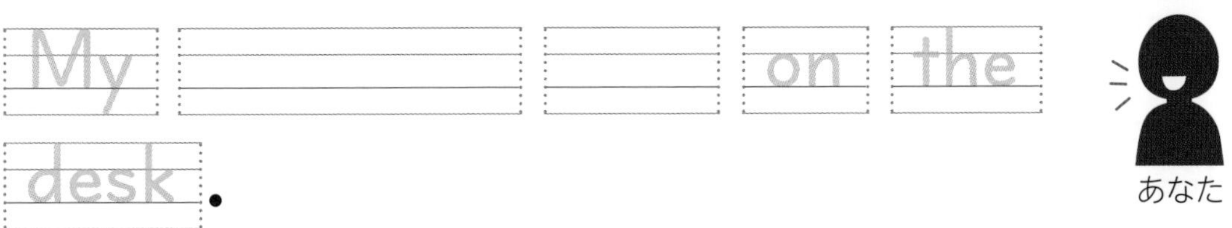

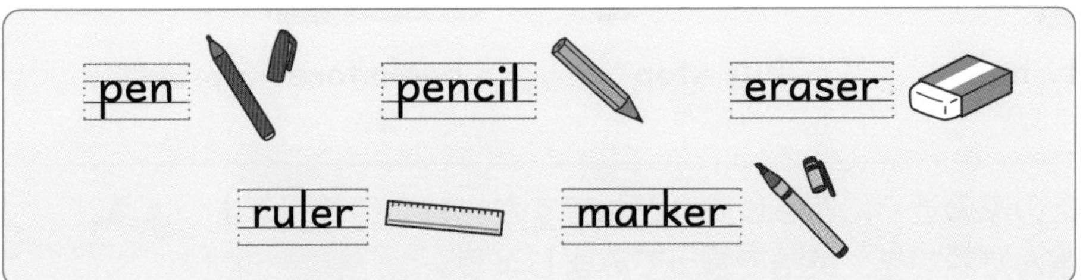

レッスン 26 ◆位置と場所

場所をたずねよう

答えと解説は別冊11ページ

1 場面をイメージしながら，音声を聞きましょう。 【全部聞いて10点】

アヤトとジャマールが道で話しかけられたよ。

2 音声を聞いて，し設を表す語句をまねして言いましょう。 【全部言って10点】

① あなたの家の近くにあるし設はどれですか。絵を○で囲みましょう。 【5点】

② ①で選んだ語句を，英語で言ってみましょう。 【5点】

月　日
／100

3 音声を聞いて，英語の意味を確認しましょう。　【全部聞いて10点】

● Where is the station?

「駅はどこにありますか。」

★ものや人・動物がどこにあるか・いるかをたずねる表現です。

station という語は fire station（消防しょ），police station（けい察しょ）にも使うけど，通常は鉄道の駅のことを表すよ。

4 音声を聞いて，まねして言いましょう。　【1問10点】

① Where is the station?
駅はどこにありますか。

② Where is the library?
図書館はどこにありますか。

③ Where is the city hall?
市役所はどこにありますか。

5 音声を聞いて，たずねられているし設を正しく線で結びましょう。　【1問15点】

①

②

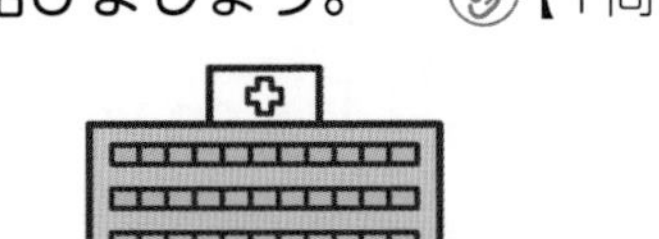

レッスン 26 ◆位置と場所

Go straight.

答えと解説は別冊11ページ

1 音声を聞いて，英語の意味を確認しましょう。 【全部聞いて10点】

● Go straight.

「まっすぐ行ってください。」

★「～してください」と言うときは，動作を表す語で文を始めます。

道案内で使える表現には，ほかにもこのようなものがあるよ。
Turn right[left]. 「右[左]に曲がってください。」
It's next to ～. 「～のとなりにあります。」
It's on your right[left]. 「右[左]側にあります。」

2 音声を聞いて，まねして言いましょう。 【1問10点】

① 
Go straight.
まっすぐ行ってください。

② Turn right.
右に曲がってください。

③ 
It's next to the bookstore.
書店のとなりにあります。

④ 
It's on your left.
左側にあります。

3 音声を聞いて，内容に合う語（句）を○で囲みましょう。 【10点】

Where is the library?
— (Go straight / Turn right).
It's next to the (post office / hospital).

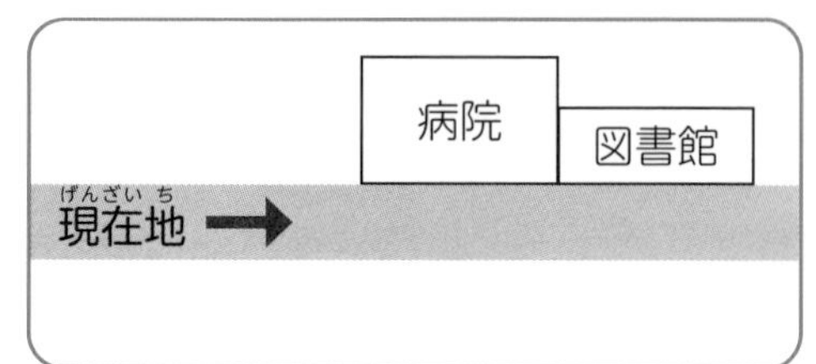

Where is the station?
— Go straight.

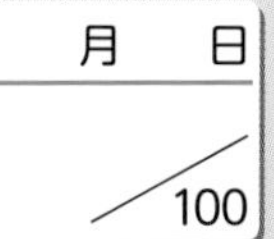

4 音声を聞いて，まねして言ったあと，▭の中に英語を書きましょう。

【1問10点】

①

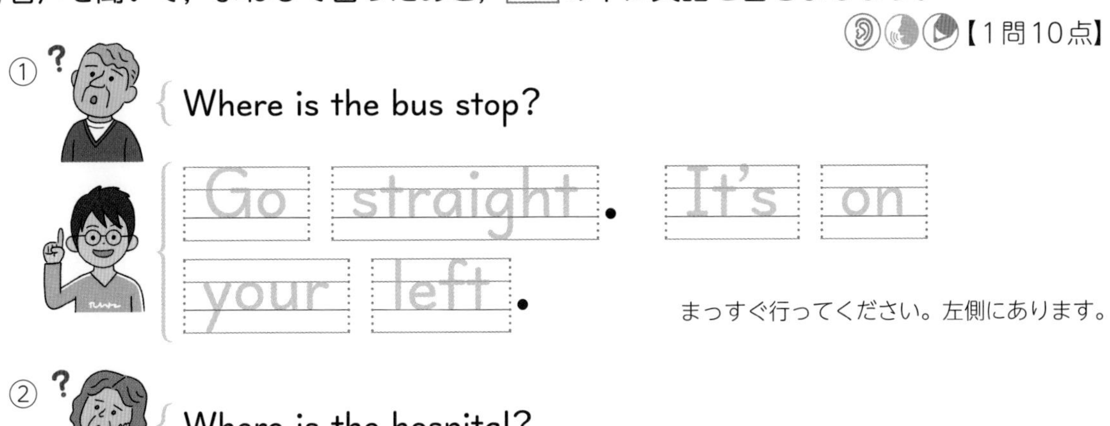

②

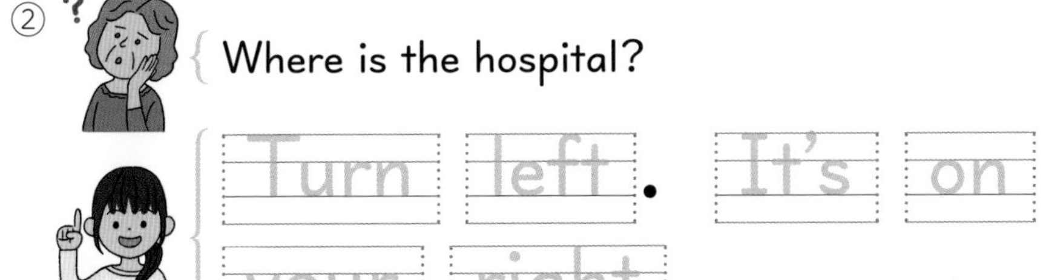

5 あなたが道を歩いていると，次のように話しかけられました。下の地図を見ながら道案内をします。実際(じっさい)に言ってから，書きましょう。

【20点】

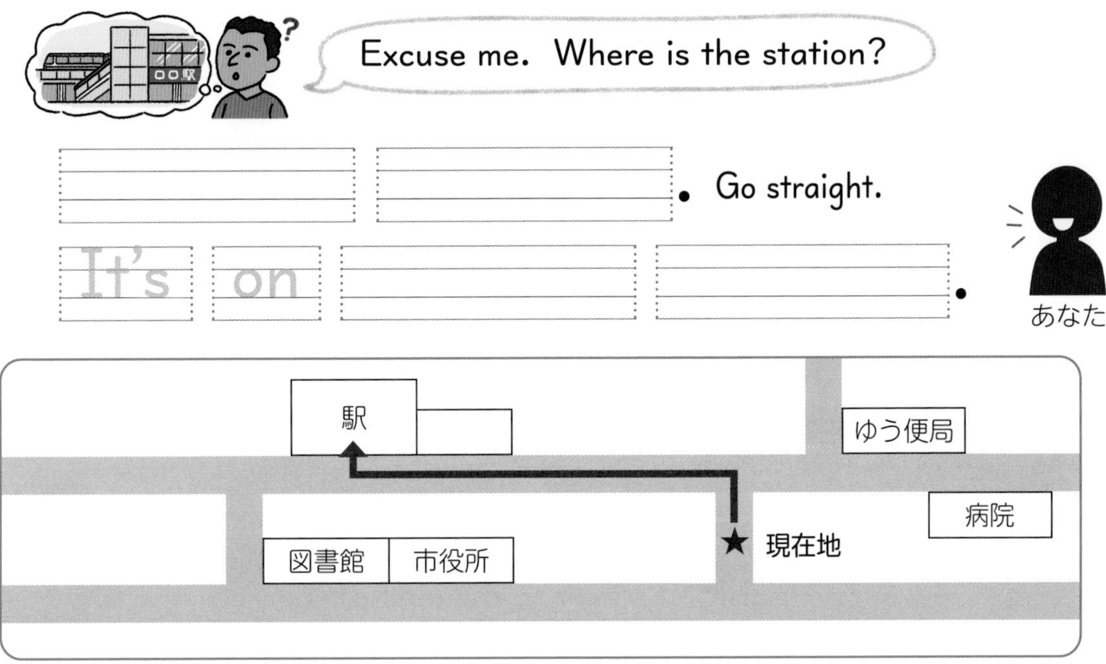

まとめ問題⑦ レッスン 25～26

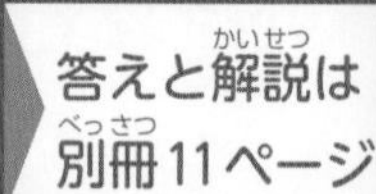

1 地図を見て，道案内の会話が成り立つように，リクとアンジェラのふきだしの（　　）に入るものをそれぞれの□から選んで，記号を書きましょう。【1問20点】

①

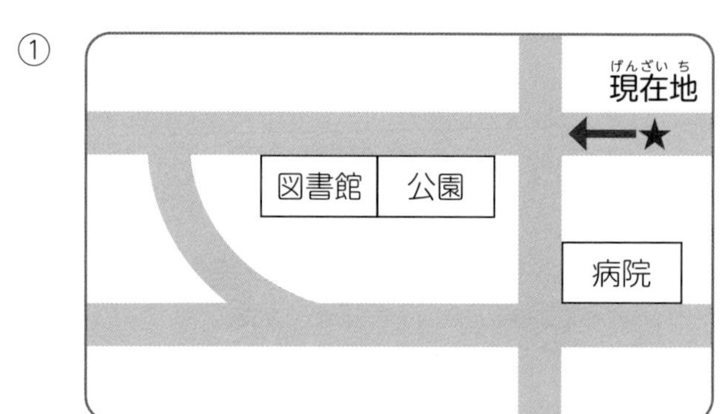

ア　Turn right.
イ　Go straight.

通りすがりの人

Excuse me.　Where is the library?

（　　）It's on your left.
It's next to the park.

リク

②

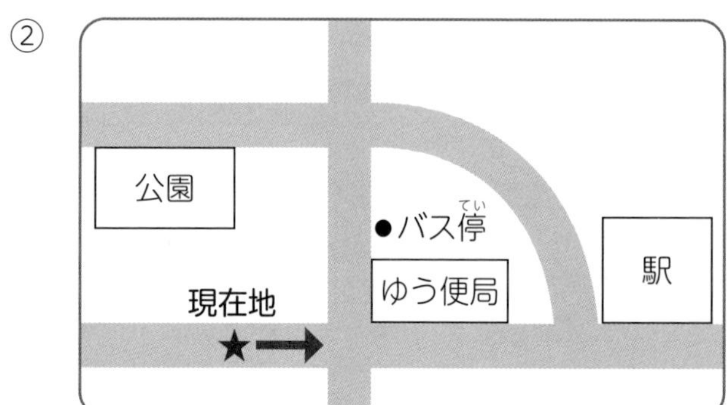

ア　Where is the bus stop?
イ　Where is the station?

アンジェラ

Excuse me.（　　）

Go straight and turn left.　It's on your right.　It's next to the post office.

警察官

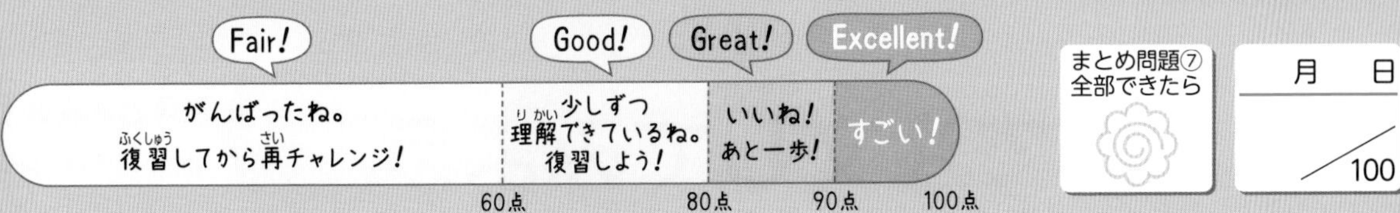

まとめ問題⑦全部できたら

月　日

/100

2 音声を聞いて，ユイがさがしているものを見つけましょう。さがしているものは全部で３つあります。見つけたら，絵を○で囲みましょう。【１つ10点】

位置を表す単語に注意して聞こう！

3 ゆう便局の配達員が目的地の家に手紙をとどけます。配達員への指示を声に出して言いましょう。▭の中の表現を使ってもよいです。【30点】

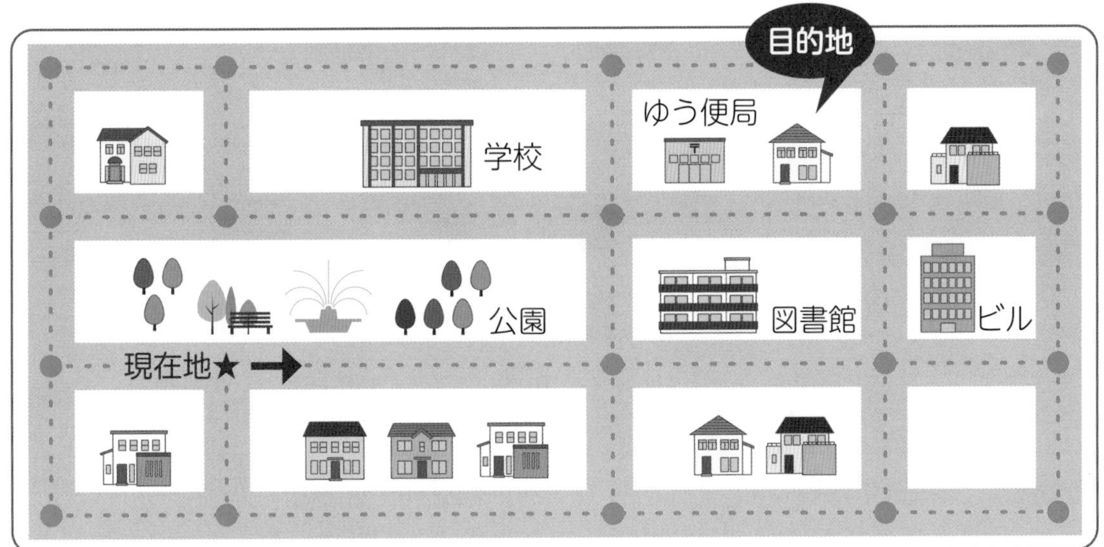

Go straight. / Turn right. / Turn left. /
It's on your right. / It's on your left. / It's next to ～.

レッスン 27 ◆注文

お店で注文してみよう

答えと解説は別冊11ページ

1 場面をイメージしながら，音声を聞きましょう。 【全部聞いて10点】

2 音声を聞いて，飲み物を表す語句をまねして言いましょう。 【全部言って10点】

① あなたが好きな飲み物は上のどれですか。絵を○で囲みましょう。 【5点】

② ①で選んだ語句を，英語で言ってみましょう。 【5点】

juice の前に果物の名前をつければ，apple juice「りんごジュース」や grape juice「ぶどうジュース」のように表現できるよ。

I'd like orange juice.

月　日

/100

3 音声を聞いて，英語の意味を確認しましょう。【全部聞いて10点】

● **I'd like orange juice.**　「オレンジジュースをください。」

★お店で食べ物や飲み物をていねいに注文する表現です。
★I'd likeはI would likeを短くした形です。
★would likeはwant「～がほしい」のていねいな言い方です。

飲み物にはふつう a や an をつけないけど，注文するときには「1ぱいの」という意味でつけることもあるよ。

4 音声を聞いて，まねして言いましょう。【1問10点】

① 
I'd like soda.
ソーダをください。

② 
I'd like tea.
こう茶をください。

③ 
I'd like a hamburger.
ハンバーガーをください。

5 音声を聞いて，注文したものを正しく線で結びましょう。【1問15点】

①  ●

②  ●

● 

● 

● 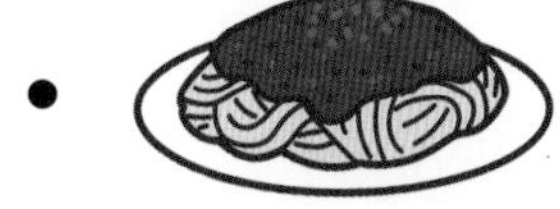

What would you like?

答えと解説は別冊11ページ

1 音声を聞いて，英語の意味を確認しましょう。 【全部聞いて10点】

● What would you like?

「何になさいますか。」

★店員が注文をとるときに使う表現です。

★would youは2語がくっついて発音されるので，音声をよく聞きましょう。

レストランなどの注文で使われる表現には，ほかにも以下のようなものがあるよ。
Would you like something to drink?「何かお飲み物はいかがですか。」
Yes, please.「はい，お願いします。」／No, thank you.「いいえ，結構です。」

2 音声を聞いて，まねして言いましょう。 【20点】

What would you like?
何になさいますか。

3 音声を聞いて，内容に合う絵の番号を○で囲みましょう。 【20点】

①

②

③

④

What would you like?
—I'd like orange juice.

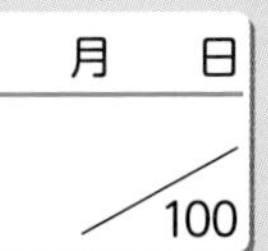

4 音声を聞いて，まねして言ったあと，[　　]の中に英語を書きましょう。

【1問10点】

① 
What would you like?
I'd like apple juice. 
りんごジュースをください。

② 
What would you like?
I'd ________ green tea. 
緑茶をください。

③ 
What would you like?
何になさいますか。
I'd like a hot dog. 

5 あなたはお店で飲み物を注文します。飲み物は[　　]から選び，「～をください。」という文を，実際（じっさい）に言ってから書きましょう。

【20点】

What would you like?

________ ________ ________.

あなた

レッスン 28 ◆注文

いくらですか？

答えと解説(かいせつ)は別冊(べっさつ)12ページ

1 場面をイメージしながら，音声を聞きましょう。 【全部聞いて10点】

ミアがお店で何か買おうとしているよ。

2 音声を聞いて，食べ物を表す単語をまねして言いましょう。 【全部言って20点】

① あなたが好きな食べ物はどれですか。絵を○で囲(かこ)みましょう。 【10点】

② ①で選んだ食べ物を，英語で言ってみましょう。 【10点】

How much is it?

月　日
/100

3 音声を聞いて，英語の意味を確認しましょう。　【全部聞いて10点】

● How much is it?

「いくらですか。」

★もののねだんをたずねる表現です。
★how much＝「いくら」　it＝「それは」

「おにぎりはいくらですか。」と言いたいときは，
How much is a rice ball? と表せばOKだよ。

4 音声を聞いて，まねして言いましょう。 【20点】

How much is it?
いくらですか。

5 音声を聞いて，内容に合う絵の番号を○で囲みましょう。　【20点】

①

②

③

④

A rice ball is 130 yen.

1 音声を聞いて，英語の意味を確認しましょう。 【全部聞いて10点】

● A rice ball is 130 yen.

「おにぎりは130円です。」

★もののねだんを伝えるときに使う表現です。
★お金の単位「円」はyenと表します。

130 は one hundred and thirty とも読むよ。

数字の読み方

100	one hundred	430	four hundred (and) thirty
125	one hundred (and) twenty-five	550	five hundred (and) fifty
200	two hundred	1,000	one thousand

2 音声を聞いて，まねして言いましょう。 【1問10点】

①

A rice ball is 130 yen.
おにぎりは130円です。

②

French fries are 160 yen.
フライドポテトは160円です。　★ are =「〜です」

3 音声を聞いて，正しいねだんがついているものを○で囲みましょう。 【1問15点】

①

140円　150円　160円

②

170円　270円　370円

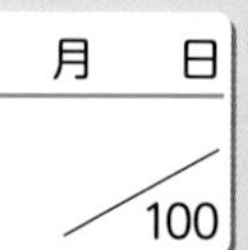

4 音声を聞いて，まねして言ったあと，▭の中に英語を書きましょう。
【1問10点】

①
I'd like a hamburger. How much is it?

A hamburger is 230 yen.

ハンバーガーは230円です。

②
I'd like a hot dog.

How much is it?

ホットドッグをいただきたいです。いくらですか。

It's 180 yen.

5 あなたはレストランの店員です。お客さんにデザートのねだんをたずねられました。
下のメニューを見て答えましょう。実際（じっさい）に言ってから，書きましょう。【20点】

I'd like a strawberry parfait.
How much is it?

It's ＿＿＿＿ ＿＿＿＿.

あなた

◆注文

まとめ問題⑧　レッスン 27～28

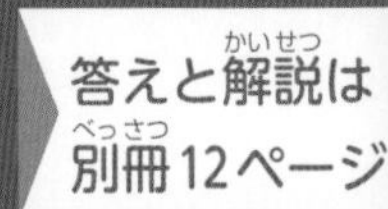

1 音声を聞いて，正しいねだんを選んで○で囲(かこ)みましょう。　【1問15点】

①

280円

290円

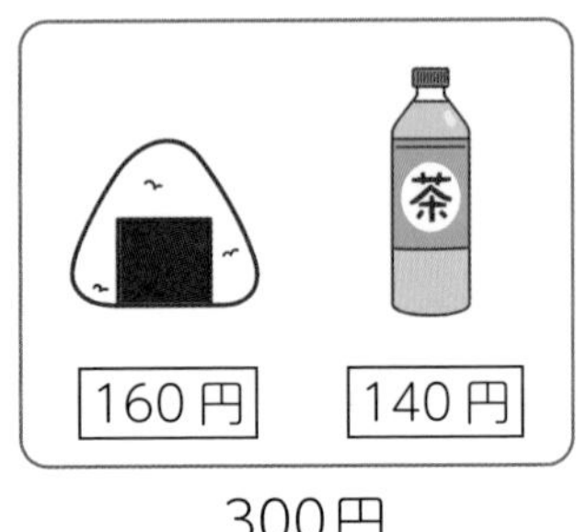

300円

②

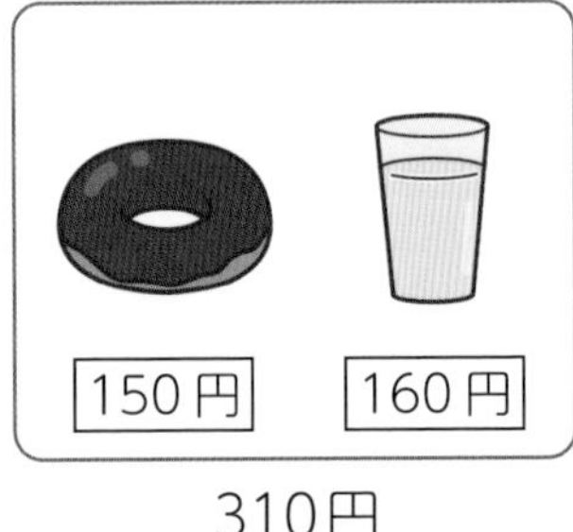

310円

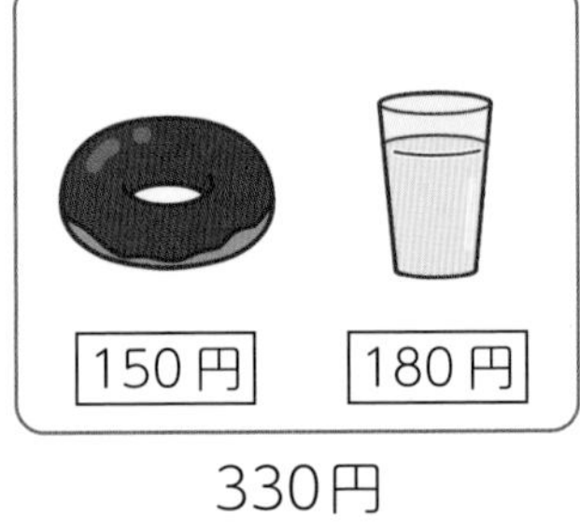

330円

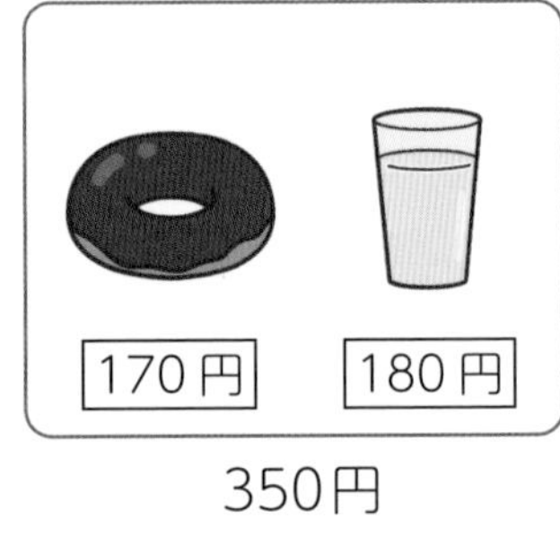

350円

③

560円

570円

580円

④

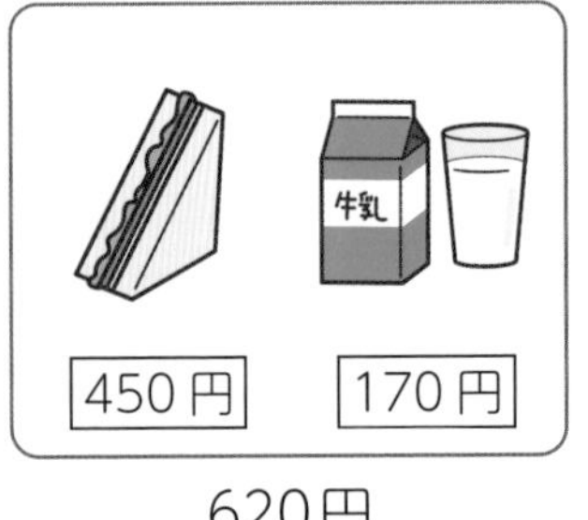

620円

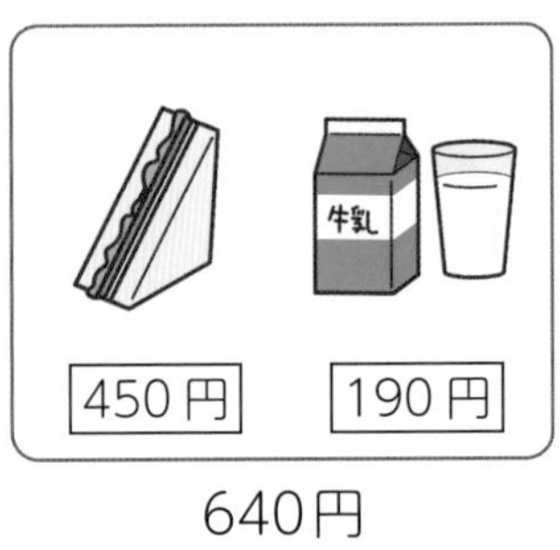

640円

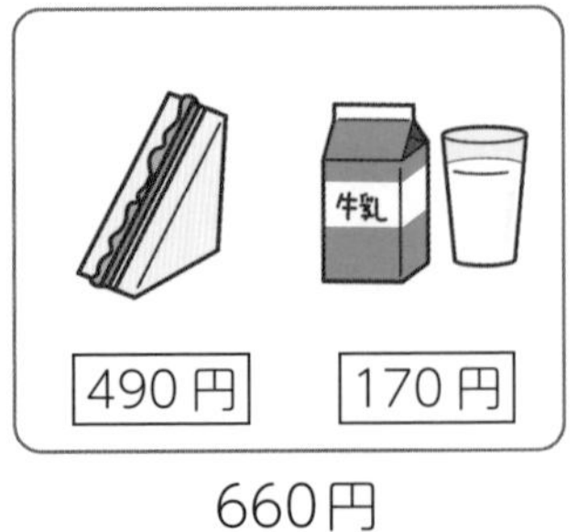

660円

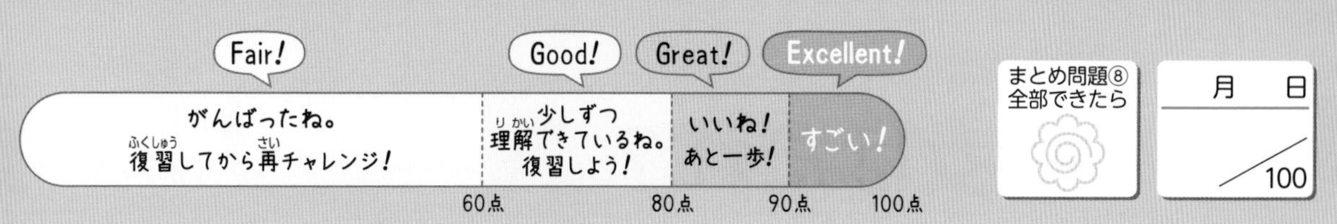

2 音声を聞いて，その内容に合うものを正しく線で結び，合計のねだんを数字で書きましょう。 【1問10点】

①の合計のねだん
(　　　　)円

②の合計のねだん
(　　　　)円

3 会話が成り立つように，▭に入る語句を下から選んで書きましょう。また，あなたが支払う金額を声に出して言ってみましょう。 【20点】

What would you like?

I'd like ________________.

Menu

a hamburger	a hot dog	French fries	a salad
390 yen	170 yen	150 yen	180 yen

orange juice	apple juice	grape juice
100 yen	100 yen	100 yen

レッスン 29

◆家族や友だちについて

かの女はだれ？

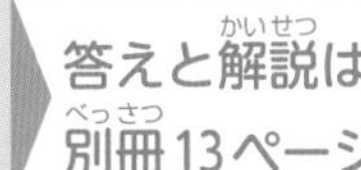
答えと解説は別冊13ページ

1 場面をイメージしながら，音声を聞きましょう。 【全部聞いて10点】

ミアとジャスミンが公園で話しているよ。

2 音声を聞いて，家族を表す単語をまねして言いましょう。

【全部言って10点】

sister
姉，妹

brother
兄，弟

mother
母

father
父

grandmother
祖母

grandfather
祖父

aunt
おば

uncle
おじ

① あなたといっしょに住んでいる家族はだれですか。絵を○で囲みましょう。 【10点】

② ①で選んだ単語を，英語で言ってみましょう。 【10点】

Who is she?

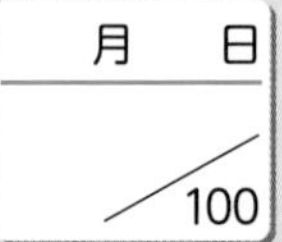

3 音声を聞いて，英語の意味を確認(かくにん)しましょう。 【全部聞いて10点】

● Who is she?

「かの女はだれですか。」

★ who = 「だれ」，she = 「かの女は」，he = 「かれは」

★「かれはだれですか。」はWho is he? と表します。

4 音声を聞いて，まねして言いましょう。 【1問10点】

①  Who is she?
かの女はだれですか。

②  Who is he?
かれはだれですか。

5 音声を聞いて，話題になっている人物を下のAbby（アビー）の家族から選び，○で囲(かこ)みましょう。 【30点】

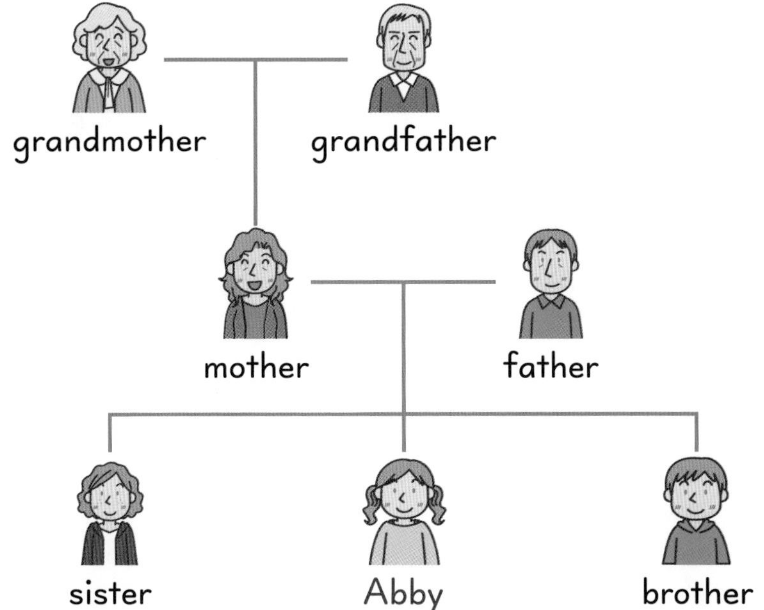

レッスン 29 ◆家族や友だちについて

She is my sister.

答えと解説は別冊13ページ

1 音声を聞いて，英語の意味を確認しましょう。 【全部聞いて10点】

● She is my sister.

「かの女はわたしの姉［妹］です。」

★相手にほかの人について伝えるときの表現です。

★「かれはわたしの～です。」はHe is my ～.と表します。

2 音声を聞いて，まねして言いましょう。 【1問15点】

① 

She is my mother.

かの女はわたしの母です。

② He is my father.

かれはわたしの父です。

3 音声を聞いて，内容に合う絵の番号を○で囲みましょう。 【20点】

① 

② 

③ 

④ 

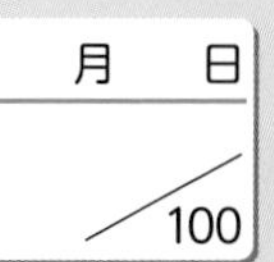

4 音声を聞いて，まねして言ったあと，▭の中に英語を書きましょう。
【1問10点】

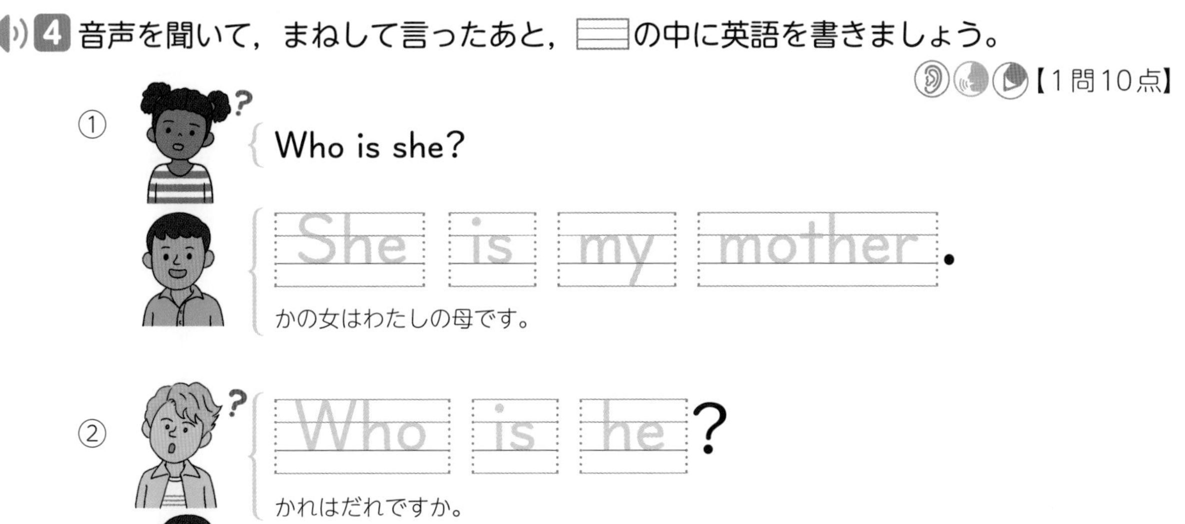

5 アイザックがステラに質問(しつもん)しています。ステラになったつもりで，「かの女はわたしの～です。」と答えます。実際(じっさい)に言ってから，書きましょう。
【20点】

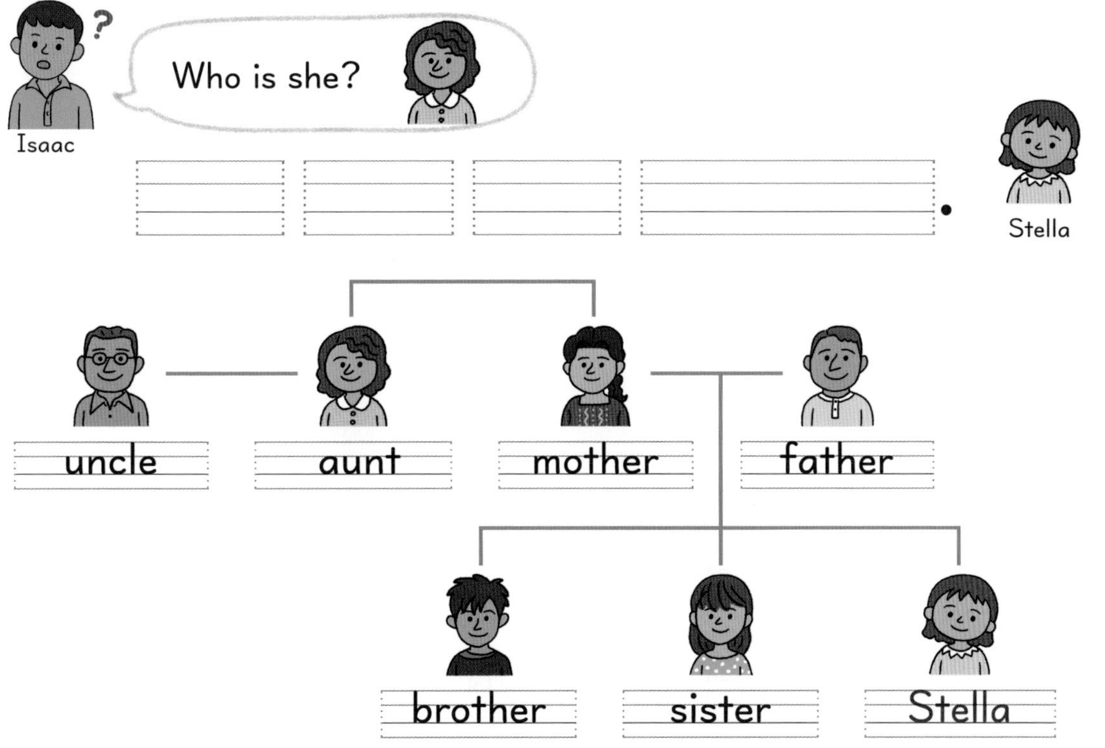

レッスン 30

◆家族や友だちについて

かの女の得意(とくい)なこと

1 場面をイメージしながら，音声を聞きましょう。 【全部聞いて10点】

● She is good at dancing. 「かの女はダンスが得意です。」

★得意なことやじょうずなことを伝える表現(ひょうげん)です。

★is[am, are] good at ～＝「～が得意である，じょうずである」

★自分が得意なことを伝えるときは，I am good at singing.「わたしは歌うのが得意です。」のように言います。

2 音声を聞いて，「～すること」を表す単語をまねして言いましょう。

【全部言って10点】

dancing
おどること，ダンス

singing
歌うこと

swimming
泳ぐこと，水泳

cooking
料理（をすること）

skiing
スキー（をすること）

① あなたの友だちの得意なことはどれですか。絵を○で囲(かこ)みましょう。 【5点】

② ①で選んだ単語を，英語で言ってみましょう。 【5点】

レッスン30
全部できたら

月　日

/100

3 音声を聞いて，まねして言いましょう。【1問10点】

①
She is good at singing.
かの女は歌うのが得意です。

②

He is good at cooking.
かれは料理が得意です。

4 音声を聞いて，まねして言ったあと，▭の中に英語を書きましょう。【1問10点】

①
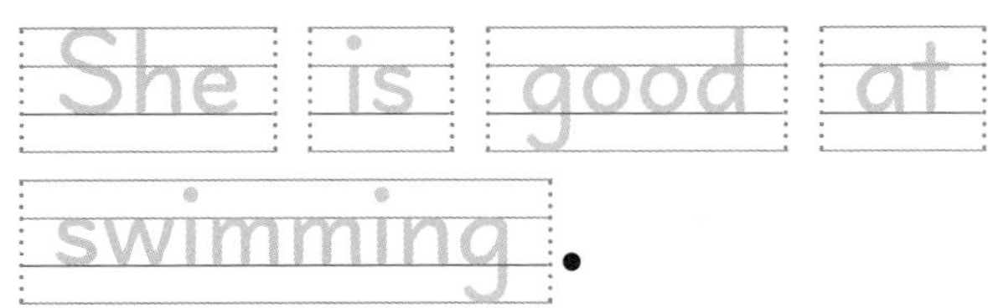

かの女は水泳が得意です。

②
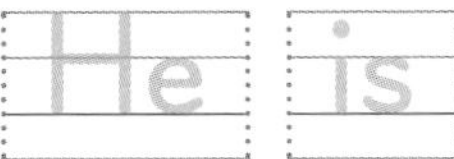

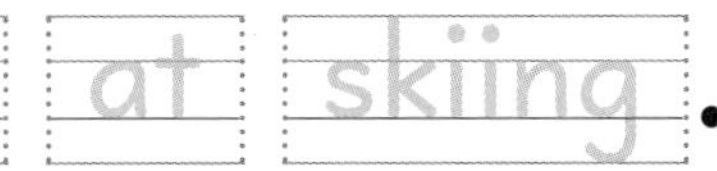

かれはスキーが得意です。

③
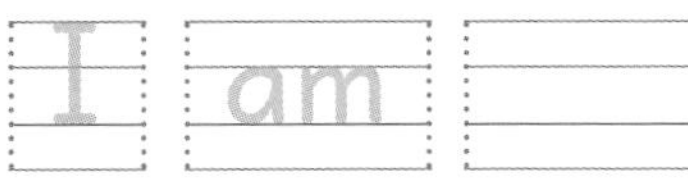

at dancing.
わたしはダンスが得意です。

5 あなたの家族や友だちの1人について，「かの女［かれ］は～が得意です」と紹介(しょうかい)します。実際(じっさい)に言ってから，書きましょう。【20点】

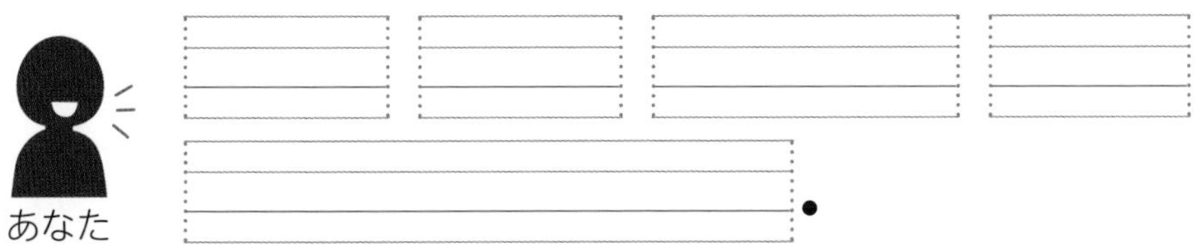
あなた

レッスン 31

◆家族や友だちについて

かれのできること

答えと解説は別冊14ページ

1 場面をイメージしながら，音声を聞きましょう。 【全部聞いて10点】

ユイとジャマールがアヤトについて話しているよ。

● He can ride a unicycle.

「かれは一輪車に乗ることができます。」

★I can ～.「わたしは～することができます。」と同じように，「かれ［かの女］は～することができます。」と言うときも，canを使います。

2 音声を聞いて，特技を表す語句をまねして言いましょう。 【全部言って10点】

ride a unicycle	speak English	draw pictures well
一輪車に乗る	英語を話す	じょうずに絵をかく

① あなたの友だちのひとりができることはどれですか。絵を○で囲みましょう。【5点】

② ①で選んだ語句を，英語で言ってみましょう。【5点】

3 音声を聞いて，まねして言いましょう。 【1問10点】

① 

He can speak English.
かれは英語を話すことができます。

② 

She can draw pictures well.
かの女はじょうずに絵をかくことができます。

4 音声を聞いて，まねして言ったあと，▭の中に英語を書きましょう。 【1問10点】

① 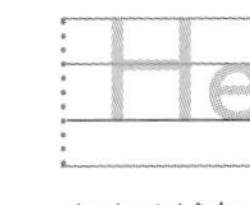 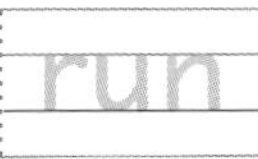 

He can run fast.
かれは速く走ることができます。

②  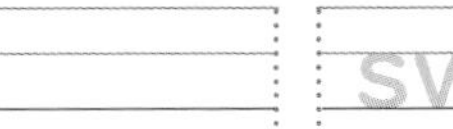 

She ______ swim well.
かの女はじょうずに泳ぐことができます。

③  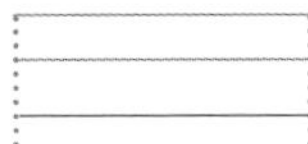  

______ ______ sing well.
かれはじょうずに歌うことができます。

5 あなたの家族や友だちの1人について，「かれ［かの女］は～することができます。」と紹介(しょうかい)します。実際(じっさい)に言ってから，書きましょう。 【20点】

あなた

______________________________.

レッスン 32

◆家族や友だちについて

かれはどんな人？

答えと解説(かいせつ)は別冊(べっさつ)14ページ

1 場面をイメージしながら，音声を聞きましょう。

【全部聞いて10点】

● He is kind. 「かれは親切です。」

★性格(せいかく)について「かれ[かの女] は～です。」という場合は，He[She] isのあとに性格を表す語を続けます。

★Ayato is friendly.「アヤトは人なつこいです。」のように，He[She] だけでなく人の名前を使うこともできます。

2 音声を聞いて，性格を表す単語をまねして言いましょう。

【全部言って10点】

① あなたの友だちの１人の性格はどれですか。絵を○で囲(かこ)みましょう。 【5点】

② ①で選んだ単語を，英語で言ってみましょう。 【5点】

3 音声を聞いて，まねして言いましょう。

【1問10点】

① He is cool.
かれはかっこいいです。

② She is active.
かの女は活発です。

4 音声を聞いて，まねして言ったあと，▭の中に英語を書きましょう。

【1問10点】

① He is funny.
かれはおもしろいです。

② She ＿＿ friendly.
かの女は人なつこいです。

③ Hiroto ＿＿ brave.
ヒロトは勇かんです。

5 あなたの家族や友だちの１人について，「こちらは○○です。かれ［かの女］は～です。」とその人の性格を紹介（しょうかい）します。実際（じっさい）に言ってから，書きましょう。

【20点】

あなた

This is ＿＿＿＿.

＿＿ ＿＿ ＿＿＿＿.

まとめ問題⑨　レッスン 29～32

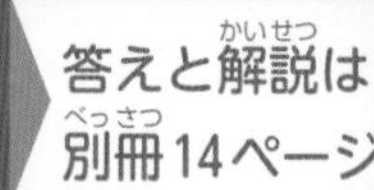

1 音声を聞いて，その内容に合うものを○で囲みましょう。　【1問10点】

①

Yuki

自分の (お母さん・おばあさん) が好き。

かの女は (活発・親切) でおもしろい。

かの女は英語を話すことができる。

②

Richard

兄がいる。

かれは (スキー・水泳) が得意。

かれは (人なつこい・勇かんだ)。

2 音声を聞いて，その内容に合うものを正しく線で結びましょう。　【1問10点】

①

Ariana

②

Bruce

強い

かっこいい

やさしい

2人の得意なことと性格は何かな？

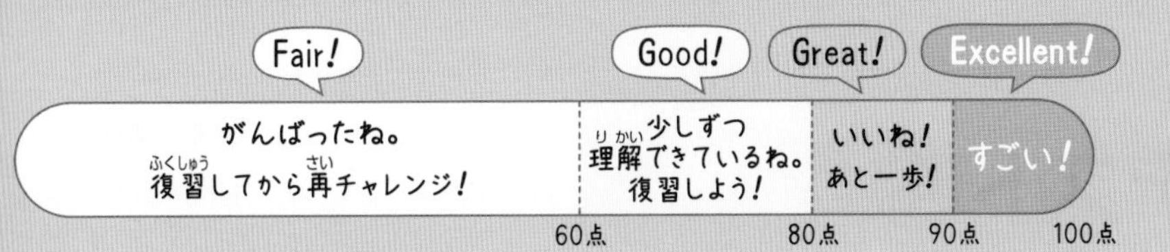

3 音声を聞いて，だれのことについて説明しているか答えます。その内容に合うものを正しく線で結びましょう。 【1問15点】

①

②

③

④

名前	職業
Koji	ギャグまんが家
Maria	フィギュアスケーター
Steve	歌手
Eriko	イルカトレーナー

それぞれの人の得意なことに注意して聞こう！

まとめのテスト①

答えと解説（かいせつ）は
別冊（べっさつ）15ページ

1 クラスメイトのヘンリーが，３つのものを探してあなたに質問しています。音声を聞いて，位置を表す語を□から選んで▭に書き，ヘンリーの持ち物がどこにあるかを伝えましょう。【1問10点】

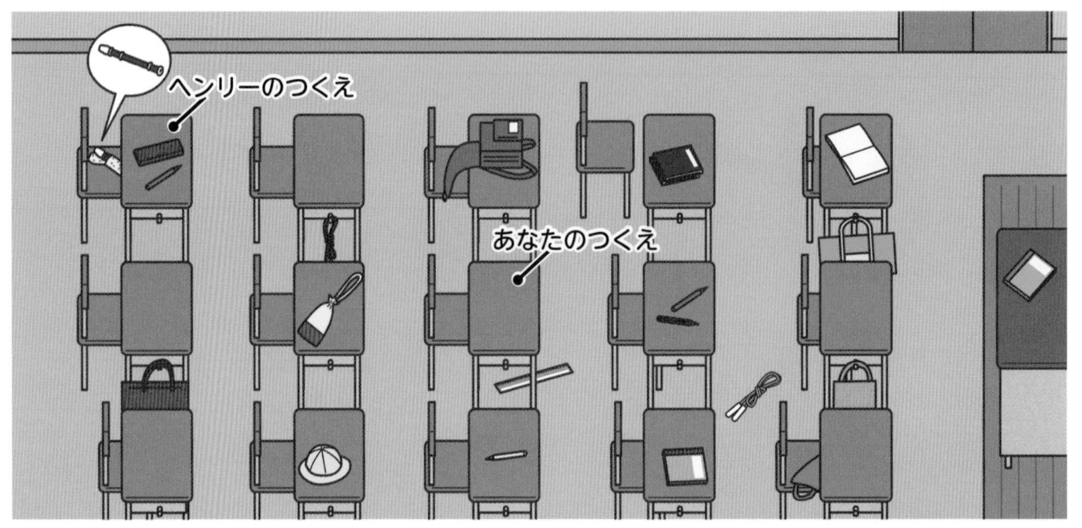

① It's ＿＿＿＿ your desk.

② It's ＿＿＿＿ my desk.

③ It's ＿＿＿＿ your chair.

on
in
under
by

2 ３びきの動物が話しています。音声を聞いて，話している動物を□から選び，記号で答えましょう。【1問10点】

① (　　)　② (　　)　③ (　　)

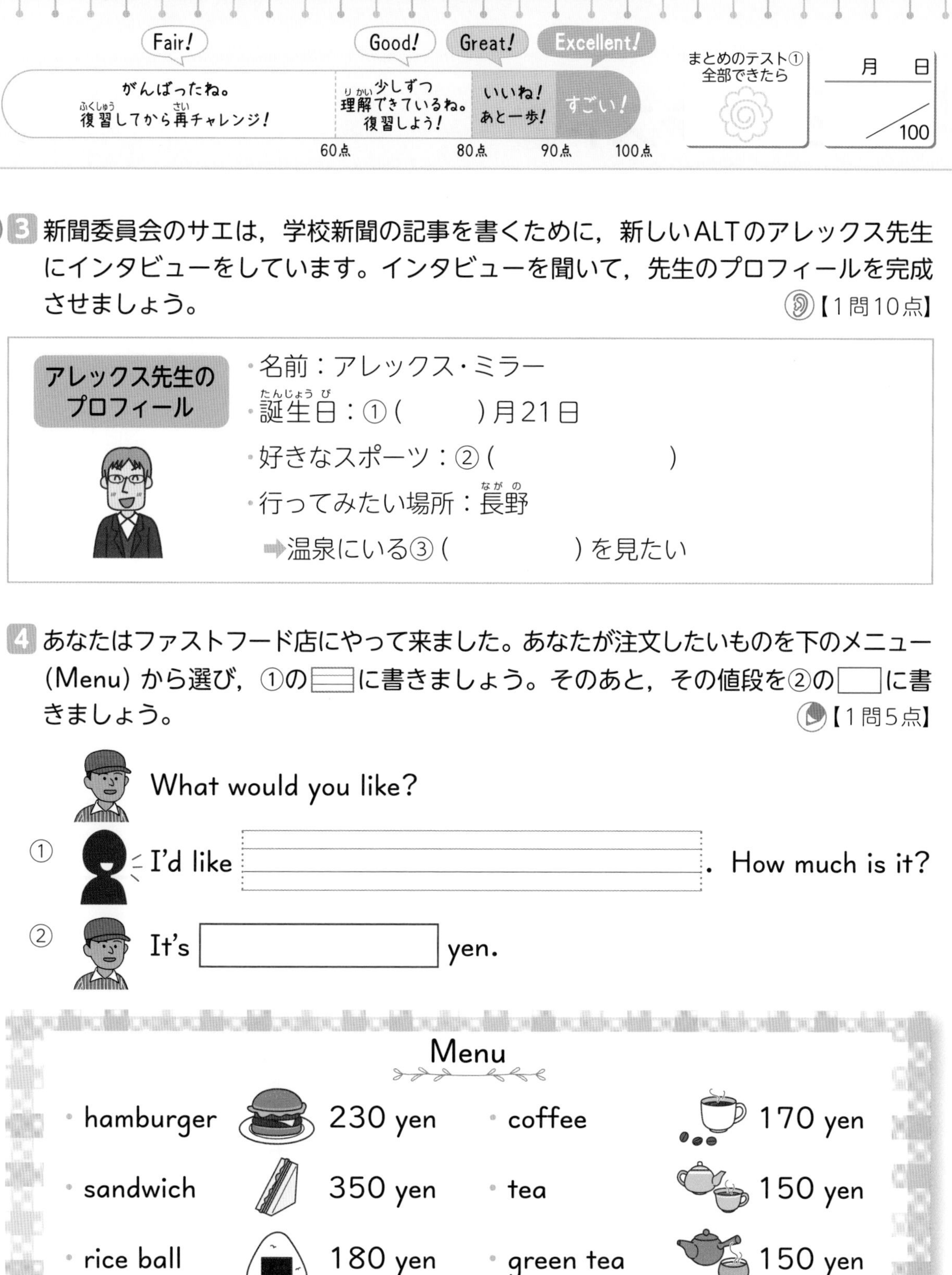

Fair! Good! Great! Excellent!

がんばったね。復習してから再チャレンジ！ ／ 少しずつ理解できているね。復習しよう！ ／ いいね！あと一歩！ ／ すごい！

60点　80点　90点　100点

まとめのテスト① 全部できたら

月　日

/100

3 新聞委員会のサエは，学校新聞の記事を書くために，新しいALTのアレックス先生にインタビューをしています。インタビューを聞いて，先生のプロフィールを完成させましょう。　【1問10点】

アレックス先生のプロフィール

- 名前：アレックス・ミラー
- 誕生日：①（　　　）月21日
- 好きなスポーツ：②（　　　　　　）
- 行ってみたい場所：長野
  - ➡温泉にいる③（　　　　　）を見たい

4 あなたはファストフード店にやって来ました。あなたが注文したいものを下のメニュー(Menu) から選び，①の▭に書きましょう。そのあと，その値段を②の□に書きましょう。　【1問5点】

What would you like?

① I'd like ＿＿＿＿＿＿＿＿. How much is it?

② It's ＿＿＿＿ yen.

Menu

hamburger	230 yen	coffee	170 yen
sandwich	350 yen	tea	150 yen
rice ball	180 yen	green tea	150 yen
hot dog	250 yen	orange juice	160 yen
salad	310 yen	apple juice	160 yen

まとめのテスト②

答えと解説は
別冊16ページ

1 音声を聞いて，内容に合う図を選び，記号を〇で囲みましょう。【10点】

ア

イ

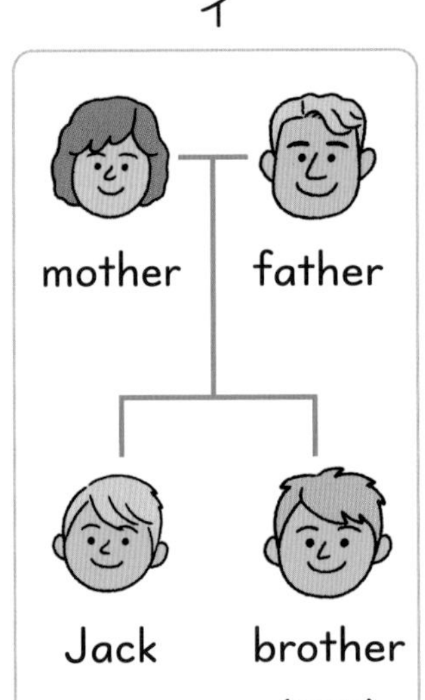

ウ

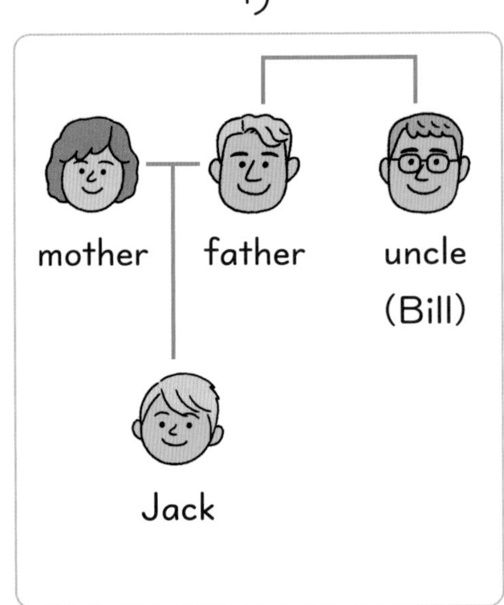

2 ジャマールは，夏休みの旅行でどこに行きたいかを家族全員にたずねました。音声を聞いて，答えている人を２人選び，記号を書きましょう。【１問10点】

①（　　）　②（　　）

ア　お母さん

行きたい場所：京都府
行きたい理由：古い寺を見たいから

イ　お父さん

行きたい場所：青森県
行きたい理由：遺跡を見たいから

ウ　お兄ちゃん

行きたい場所：青森県
行きたい理由：ねぶた祭を見たいから

エ　妹

行きたい場所：京都府
行きたい理由：祇園祭を見たいから

Fair! 　Good! 　Great! 　Excellent!

がんばったね。復習してから再チャレンジ！ ／ 少しずつ理解できているね。復習しよう！ ／ いいね！あと一歩！ ／ すごい！

60点　80点　90点　100点

まとめのテスト①全部できたら

月　日

/100

3 ユウトのクラスでは，自分のヒーロー (hero) について英語でスピーチすることになりました。ユウトが書いたメモをもとに，□から英語を選び，スピーチを完成させましょう。【1問15点】

メモ

わたしのヒーロー：姉のモモコ
年齢：15才
性格：活発で，人なつこい
とくいなこと：スポーツ
➡バスケットボールがじょうずにできる

My hero is my sister, Momoko. She is fifteen.

She is ① ＿＿＿＿＿ and friendly.

She is good at sports.

She can play ② ＿＿＿＿＿ well.

① kind / active
② basketball / baseball

4 次の質問に，あなたの立場で答えましょう。【20点】

Do you have English on Fridays?

＿＿＿＿＿, I ＿＿＿＿＿.

5 来週の時間割を確認して，次の質問にあなたの立場で答えましょう。【20点】

What subject do you have next Wednesday?

I have ＿＿＿＿＿ next Wednesday.

まとめのテスト③

答えと解説(かいせつ)は別冊(べっさつ)17ページ

1 ユイとエマが道を歩いていると，男の人に話しかけられました。ユイが案内した道順を地図に書きこみましょう。 【20点】

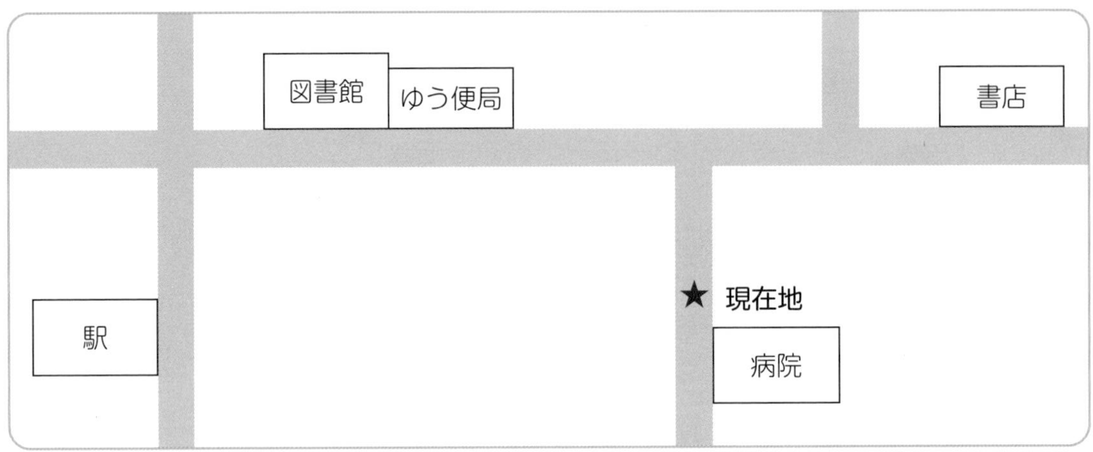

2 ジュリアンとナナミの会話を聞いて，内容に合う絵を２つ選び，記号を○で囲(かこ)みましょう。 【両方できて20点】

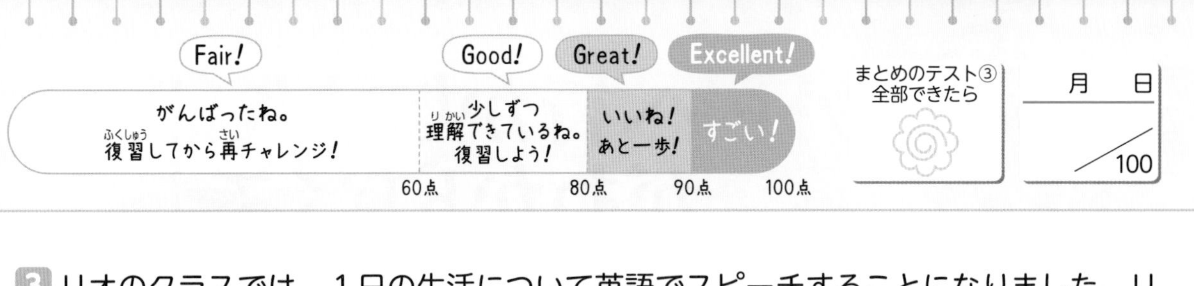

3 リオのクラスでは，１日の生活について英語でスピーチすることになりました。リオが書いたメモをもとに，□から英語を選んでスピーチを完成させましょう。

【１問10点】

① I usually ＿＿＿＿ ＿＿＿＿ at 7:00.

② I go to school ＿＿＿＿ ［　　　　］.
└数字で時こくを書く
I have lunch at 12:15.

③ I ＿＿＿＿ ＿＿＿＿ at 3:30.
I do my homework at 5:00.
I have dinner at 6:00.

④ I take a bath ＿＿＿＿ ［　　　　］.
└数字で時こくを書く
I go to bed at 9:30.

go to school / do my homework /
go home / get up / take a bath /
go to bed / have lunch / have dinner

4 次の質問に，あなたの立場で答えましょう。

【１問20点】

What time do you do your homework?

I do my homework ＿＿＿＿＿＿＿＿.

のぞいてみよう

英語の世界 3

外国へ行かなければ，英語がわからなくてもいいの？

アヤト

日本で一生過ごすなら，英語ができなくてもこまらないよね？

ジャマール

そうとも限らないよ。大学や企業では，英語を日常で使うところも増えているし，日本にも英語を話す人はたくさんいるから。それに，英語を話せるようになると，世界が広がるよ。

世界が広がるって，どういうこと？

下の資料を見てごらん。英語を話せるようになると，世界の４億人と話すことができるんだ。

すごい！　本当に世界が広がるね。英語が母語じゃない外国の人も，学校で英語を勉強するのかな？

うん，するよ。イギリスやアメリカでは，国語として英語を学ぶけれどオランダやドイツ，フィンランドでは，日本と同じように，外国語として英語を学ぶよ。

世界の母語ランキング

＊母語…最初に習得する言葉

言語	話す人の数
中国語	約８億８千万人
英語	**約４億人**
スペイン語	約３億３千万人
ヒンディー語	約２億３千万人
アラビア語	約２億人
ポルトガル語	約１億７千万人
ロシア語	約１億７千万人
ベンガル語	約１億６千万人
日本語	約１億２千万人
ドイツ語	約１億人

＊文部科学省 HP「世界の母語人口」より

日本にいてもできる！

英語のコンテンツにふれて，英語に慣(な)れよう！

英語でアニメを見てみよう！

- ディズニーやジブリの作品を，英語音声で観てみる。字まくは日本語でも英語でもOK。
- 動画配信サービスで，好きな作品を英語音声に設定(せってい)して観てみる。
- YouTubeで英語音声のアニメを選んで観てみる。
- NHKで観ることができる海外の作品を，英語音声（副音声）で観てみる。

英語の本を読んでみよう！

- 近くの図書館や学校の図書室で，英語の絵本を借りて読んでみる。
- 知らない英単語は，まわりの英語が得意な人にたずねたり，辞書で調べてみる。
- 読みながら英単語の検索ができる電子書籍も利用してみる。

動画サイトやSNSなどのコメントを英語で書いてみよう！

使える表現(ひょうげん)	
・I love it!（いいね！）	・Awesome!（最高！）
・Too cute!（かわいすぎる！）	・Looks delicious!（おいしそう！）
・Amazing work!（すばらしい作品！）	・Can't wait!（楽しみ！）
・Good luck!（がんばって！）	・Lucky you!（うらやましい！）

音楽をきくのもいいよね。洋楽はもちろんだけど，日本人の歌にも英語の歌詞(かし)も多いし，インターネットですぐに意味も調べられるよ。

最近は英会話サイトもあるよね。日本にいながらいろいろな国の人と英語で話せるなんて，すてきだよね。

基礎力をつけるには

くもんの小学ドリルが強いみかた!!

スモールステップで、
らくらく力がついていく!!

算数

計算シリーズ(全13巻)
① 1年生たしざん
② 1年生ひきざん
③ 2年生たし算
④ 2年生ひき算
⑤ 2年生かけ算(九九)
⑥ 3年生たし算・ひき算
⑦ 3年生かけ算
⑧ 3年生わり算
⑨ 4年生わり算
⑩ 4年生分数・小数
⑪ 5年生分数
⑫ 5年生小数
⑬ 6年生分数

数・量・図形シリーズ(学年別全6巻)

文章題シリーズ(学年別全6巻)

学力チェックテスト

算数(学年別全6巻)

国語(学年別全6巻)

英語(5年生・6年生 全2巻)

国語

1年生ひらがな

1年生カタカナ

漢字シリーズ(学年別全6巻)

言葉と文のきまりシリーズ(学年別全6巻)

文章の読解シリーズ(学年別全6巻)

書き方(書写)シリーズ(全4巻)
① 1年生ひらがな・カタカナのかきかた
② 1年生かん字のかきかた
③ 2年生かん字の書き方
④ 3年生漢字の書き方

英語

3・4年生はじめてのアルファベット ローマ字学習つき

3・4年生はじめてのあいさつと会話

5年生英語の文

6年生英語の文

くもんの英語集中学習　小学5年生 英語にぐーんと強くなる

2023年2月　第1版第1刷発行

●発行人　志村直人
●発行所　株式会社くもん出版
〒141-8488
東京都品川区東五反田2-10-2
東五反田スクエア11F
電話　編集直通　03(6836)0317
営業直通　03(6836)0305
代表　03(6836)0301

●監修　町田智久(国際教養大学 教授)
●カバーデザイン　辻中浩一+村松亨修(ウフ)
●カバーイラスト　亀山鶴子
●本文デザイン　小野寺冬起(オノデラデザイン事務所)
●コラムデザイン　田中小百合(osuzudesign)
●印刷・製本　株式会社 精興社

ISBN 978-4-7743-3365-6

ＣＤ 57343　　くもん出版ホームページアドレス　https://www.kumonshuppan.com/

●本文イラスト　浅羽ピピ・佐久間誉之　さややん。・山本正子
●編集協力　株式会社 一校舎
●音声制作　ユニバ合同会社
●ナレーター　大武芙由美　ドミニク アレン　ジュリア ヤマコフ　ジェフリー ロウ　キンバリー ティアニー

答え

英語にぐーんと強くなる
小学5年生

★答え合わせは，１つずつていねいに行いましょう。
★ポイントは，問題を解くときの考え方や注意点などです。まちがえた問題のポイントは，特によく読んで，もう一度問題を解いてみましょう。
★まちがえた問題は，音声がある場合は，もう一度聞き直しましょう。

レッスン 2 アルファベット② P.8・9

2 ① k　② f　③ P　④ U

3 ① e　② g　③ j　④ p
⑤ A　⑥ F　⑦ H　⑧ R

レッスン 3 アルファベットと単語の音 P.10・11

2 ① ×　② ×　③ ×　④ ×　⑤ ×
⑥ ○　⑦ ○　⑧ ○　⑨ ×

3 ① ア　② イ　③ ウ　④ イ
⑤ ウ　⑥ ア

●●●ポイント

2 ① apple の a は「ア」，apron の a は「エイ」と読みます。（カタカナでは近い音を表しています。以下同じ）
② carrot の ca は「キャ」，city の ci は「シ」と読みます。
③ elephant の e は「エ」，eraser の e は「イ」と読みます。
④ green の g は「グ」，gym の gy は「ジ」と読みます。
⑤ ink の i は「イ」，ice cream の i は「アイ」と読みます。
⑨ under の u は「ア」，unicycle の u は「ユー」と読みます。

読まれた英語

2 ① apple, apron　② carrot, city hall
③ elephant, eraser　④ green, gym
⑤ ink, ice cream　⑥ kite, kind
⑦ Monday, monkey　⑧ right, rice
⑨ under, unicycle

3
① nice　ア night　イ mouse　ウ cake
② happy　ア bat　イ hat　ウ cat
③ park　ア mark　イ cart　ウ party
④ food　ア wood　イ foot　ウ cool
⑤ vegetable　ア bed　イ pencil　ウ vet
⑥ library　ア like　イ ribbon　ウ bike

レッスン 4 食べ物／果物・野菜 P.12・13

2

3 (例) ice cream

5 onion, potato, peach, banana

読まれた英語

2 salad, pizza, cake

レッスン 5 スポーツ／動物 P.14・15

2

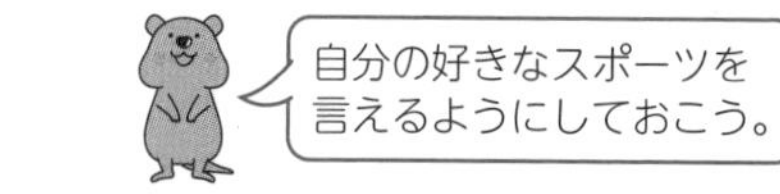

4

5 (例) horse

読まれた英語

2 ① baseball　② tennis　③ basketball

4 ① elephant　② dog　③ monkey

レッスン 6 文ぼう具／動作 P.16・17

2

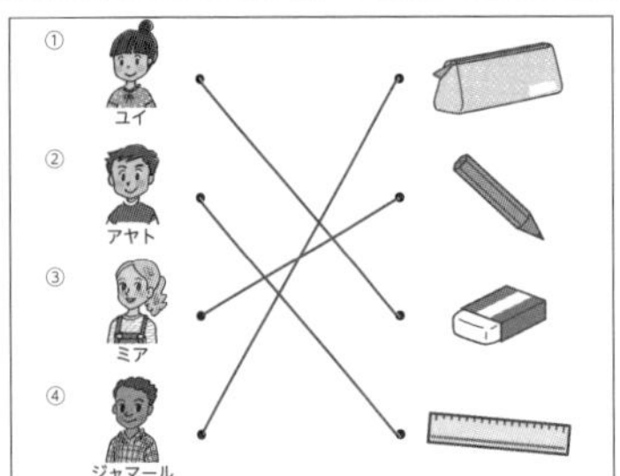

4 ① swim ② sing

●●•ポイント

4 ①「泳ぐ」は swim で表します。
②「歌う」は sing で表します。

🔊読まれた英語

2 ① eraser ② ruler ③ pencil
④ pencil case

レッスン 7 数字 P.18・19

2

3 (例) お兄さん・fifteen

●●•ポイント

3 英文では，My brother is 15(fifteen). などと言います。

🔊読まれた英語

2 ① eight ② sixteen ③ thirty ④ eleven
3 forty

レッスン 8 天気／色 P.20・21

2 ① sunny ② rainy ③ snowy
④ cloudy

4 (例) red, blue, green

●●•ポイント

2 ①「晴れの」は sunny で表します。
②「雨の」は rainy で表します。
③「雪の」は snowy で表します。
④「くもりの」は cloudy で表します。

sun は「太陽」，rain は「雨」，snow は「雪」，cloud は「雲」という意味だよ。合わせて覚えておこう！

レッスン 9 英文の書き方／英語の文の語順 P.22・23

3 ① I am Yui. ② I play baseball.

●●•ポイント

3 ①「わたしは～です。」という文のとき，英語では「わたしは」のあとに「～です」を表す語がきます。
②「わたしは～します。」という文のとき，英語では「わたしは」のあとに「～します」を表す語がきます。

4線のどの位置に書くのか，注意しながら書いてみよう。

まとめ問題① レッスン 1～9 P.24・25

1 ① green ② dance ③ sunny
④ pizza ⑤ eight

2 ① blue ② carrot ③ salad

3 ① ウ ② ア ③ ウ ④ イ ⑤ イ
⑥ ア

4 ① ウ ② キ ③ オ ④ ア ⑤ ケ
⑥ エ ⑦ イ ⑧ ク ⑨ カ

●●•ポイント

3 ①③ dodgeball「ドッジボール」と tennis「テニス」はスポーツ。
②⑥ melon「メロン」と banana「バナナ」は果物。
④⑤ glue stick「のり」と ruler「定規」は文ぼう具。

🔊読まれた英語

2 ① blue ② carrot ③ salad
3 ① dodgeball ② melon ③ tennis
④ glue stick ⑤ ruler ⑥ banana

レッスン 10 自分の名前を伝えよう P.26・27

3 ②

4 ① I'm Maya. ② My name is Diana.

5 (例) Hi, Isaac. I'm Kana.

●●●ポイント

3 My name is ～. は，自己紹介で自分の名前を伝えるときの表現です。Nice to meet you, everyone. は「はじめまして，みなさん。」という意味です。

4 ① I'm のアポストロフィ（'）をわすれずになぞりましょう。
② My は文の最初の語なので，頭文字の M を大文字にします。

5 I'm のあとに，自分の名前を書きましょう。下の名前だけでなく，姓を書いてもいいです。Takahashi Yui のように〈姓＋名〉の順で表す方法と，Yui Takahashi のように〈名＋姓〉の順で表す方法があります。自分の好きな方を使いましょう。

読まれた英語

3 My name is Ashley. I'm from the U.K. Nice to meet you, everyone.
（わたしの名前はアシュリーです。わたしはイギリス出身です。はじめまして，みなさん。）

レッスン 11 好きなもの[こと]を伝えよう P.28・29

3 ① I like basketball very much.
② I don't like dodgeball.

4 ①（例）I like orange.
②（例）I don't like pink.

●●●ポイント

3 ② don't のアポストロフィ（'）をわすれずに書きましょう。

4 ① I like のあとに好きな色を続けます。
② I don't like のあとに好きではない色を続けます。

レッスン 12 持っているものを伝えよう P.30・31

3

4 ① I have an orange.
② I want three tomatoes.

5（例）I have an eraser.

●●●ポイント

4 ① orange は母音（a, i, u, e, o）で始まる語なので，a ではなく an を直前に置きます。
② tomato を2つ以上を表す形にするときは，es をつけて tomatoes とします。

5「わたしは消しごむを2つ持っています。」と言うときは，I have two erasers. と表します。

読まれた英語

3 ① I'm a rabbit. I want a carrot.
（わたしはうさぎです。わたしはにんじんがほしいです。）
② I'm a monkey. I want a banana.
（わたしはさるです。わたしはバナナがほしいです。）

レッスン 13 好きなもの[こと]は何？ P.32・33

3

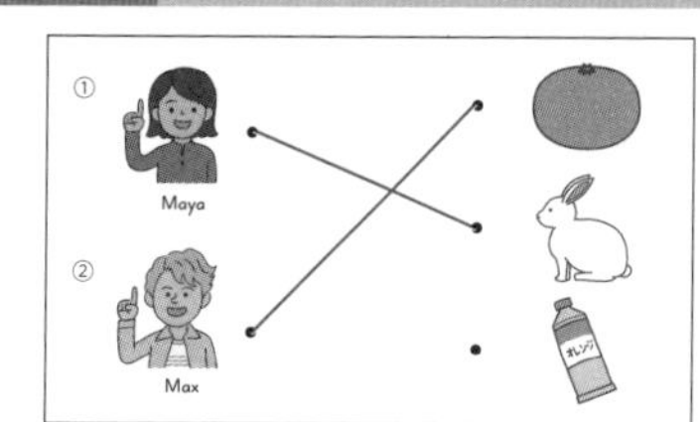

4 ① What food do you like?
② What vegetable do you like?

5 What color do you like?

●●●ポイント

3 好きな動物や果物を言うときは，rabbits や oranges のように2ひき（2つ）以上を表す形にします。
① I have a rabbit at home. は「わたしは家でうさぎを飼っています。」という意味です。
② I drink orange juice every morning. は「わたしは毎朝オレンジジュースを飲みます。」という意味です。

読まれた英語

3 ① 男の子：What animal do you like, Maya?
（あなたは何の動物が好きですか，マヤ。）
マヤ：I like rabbits. I have a rabbit at home.
（わたしはうさぎが好きです。わたしは家でうさぎを飼っています。）
② 女の子：What fruit do you like, Max?
（あなたは何の果物が好きですか，マックス。）
マックス：I like oranges. I drink orange juice every morning.
（わたしはオレンジが好きです。わたしは毎朝，オレンジジュースを飲みます。）

まとめ問題② レッスン 10〜13 P.34・35

1 ① don't like / like

② like / have

③ tennis / want

2

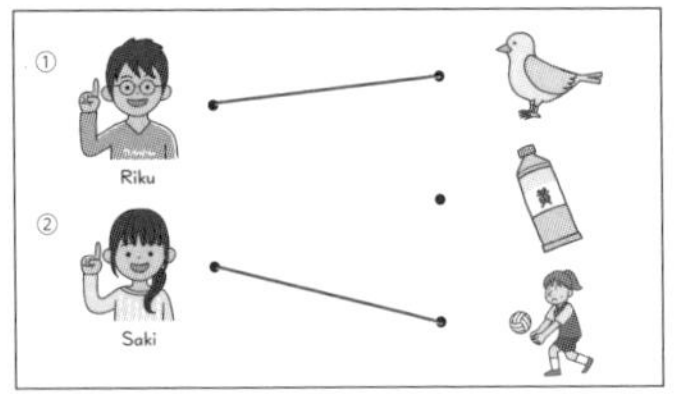

3 (例) I like dodgeball.

●●●ポイント

1 ① but は「でも，しかし」という意味です。

② I have a dog at home. は「わたしは家で犬を飼っています。」という意味です。

③ I want a new racket for my birthday. は「わたしはたん生日に新しいラケットがほしいです。」という意味です。

3「あなたは何のスポーツが好きですか。」とたずねられています。I like のあとに好きなスポーツを続けましょう。

読まれた英語

1 ① Hello. I am Samantha. I don't like vegetables. But I like fruit.
（こんにちは。わたしはサマンサです。わたしは野菜が好きではありません。でもわたしは果物が好きです。）

② Hi. I am Bill. I like animals. I have a dog at home.
（こんにちは。わたしはビルです。わたしは動物が好きです。わたしは家で犬を飼っています。）

③ Hello. My name is Minami. I like tennis very much. I want a new racket for my birthday.
（こんにちは。わたしの名前はミナミです。わたしはテニスがとても好きです。わたしはたん生日に新しいラケットがほしいです。）

2 ① 女の子：Do you like animals, Riku?
（あなたは動物が好きですか，リク？）

リク：Yes, I do.
（はい，好きです。）

女の子：What animal do you like?
（あなたは何の動物が好きですか。）

リク：I like birds. I have a yellow bird at home.
（わたしは鳥が好きです。わたしは家で黄色い鳥を飼っています。）

② 男の子：Do you like sports, Saki?
（あなたはスポーツが好きですか，サキ？）

サキ：Yes. I like sports very much.
（はい。わたしはスポーツがとても好きです。）

男の子：What sport do you like?
（あなたは何のスポーツが好きですか。）

サキ：I like volleyball.
（わたしはバレーボールが好きです。）

レッスン 14 月の名前を覚えよう P.36・37

4 (例) My birthday is in August.

●●●ポイント

4 月の名前の最初の文字は大文字で書きましょう。

レッスン 15 たん生日を伝えよう

▶ My birthday is October 15th. P.38・39

5 ① 12月27日　② 5月17日

読まれた英語

5 ① I'm Mari. My birthday is December 27th.
（わたしはマリです。わたしのたん生日は12月27日です。）

② I'm Bruno. My birthday is May 17th.
（わたしはブルーノです。わたしのたん生日は5月17日です。）

▶ When is your birthday? P.40・41

3 ③

4 ① My birthday is January 10th.

② My birthday is September 26th.

5 (例) My birthday is June 23rd.

●●●ポイント

5 38ページの**2**を見て，日にちの書き方を確認しましょう。

読まれた英語

3 男の子：When is your birthday?

(あなたのたん生日はいつですか。)
女の子：It's July 13th.
(7月13日です。)

レッスン16 名前のつづりは？ P.42・43

3 ① EMMA[Emma]
② OLIVER[Oliver]

4 ① (例) I'm Yuto.
② (例) Y-U-T-O, Yuto.

ポイント
4 ② 自分の名前を表すアルファベットを1文字ずつ言いましょう。

読まれた英語
3 ① 男の子：How do you spell your name, Emma?
(あなたの名前はどのようにつづりますか，エマ。)
女の子：E-M-M-A, Emma.
(E-M-M-A で，Emma です。)
② 男の子：My name is Oliver.
(わたしの名前はオリバーです。)
女の子：How do you spell your name?
(あなたの名前はどのようにつづりますか。)
男の子：O-L-I-V-E-R, Oliver.
(O-L-I-V-E-R で，Oliver です。)

まとめ問題③ レッスン14〜16 P.44・45

1 ① April ② July ③ 20th

2 ① ROBERT[Robert]
② MIRANDA[Miranda]

3
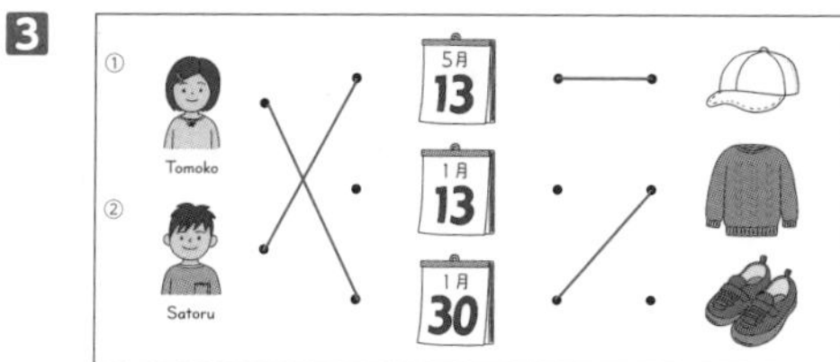

13th(thirteenth)と30th(thirtieth)はまちがえやすいから気をつけて！

ポイント
1 ① I want new shoes for my birthday. は「わたしはたん生日に新しいくつがほしいです。」という意味です。
② T-shirt は「T シャツ」という意味です。
2 ① Nice to meet you. は「はじめまして。」という意味です。
3 ① What do you want for your birthday? は「あなたはたん生日に何がほしいですか。」，I want a blue sweater. は「わたしは青いセーターがほしいです。」という意味です。
② cap は「(ふちのない)ぼうし」という意味です。

読まれた英語
1 ① Hi. I am John. J-O-H-N, John. My birthday is in April. I want new shoes for my birthday.
(こんにちは。わたしはジョンです。J-O-H-N で，John です。わたしのたん生日は4月です。わたしはたん生日に新しいくつがほしいです。)
② Hi. I am Sean. S-E-A-N, Sean. My birthday is July 19th. I want a new T-shirt for my birthday.
(こんにちは。わたしはショーンです。S-E-A-N で，Sean です。わたしのたん生日は7月19日です。わたしはたん生日に新しい T シャツがほしいです。)
③ Hello. I am Airi. A-I-R-I, Airi. My birthday is November 20th. I want a new pencil case for my birthday.
(こんにちは。わたしはアイリです。A-I-R-I で，Airi です。わたしのたん生日は11月20日です。わたしはたん生日に新しい筆箱がほしいです。)
2 ① ロバート：My name is Robert.
(わたしの名前はロバートです。)
女の子：Nice to meet you, Robert. How do you spell your name?
(はじめまして，ロバート。あなたの名前はどのようにつづりますか。)
ロバート：R-O-B-E-R-T, Robert.
(R-O-B-E-R-T で，Robert です。)
② ミランダ：Hi. I'm Miranda.
(こんにちは。わたしはミランダです。)
男の子：Hi, Miranda. How do you spell your name?
(こんにちは，ミランダ。あなたの名前はどのようにつづりますか。)
ミランダ：M-I-R-A-N-D-A, Miranda.
(M-I-R-A-N-D-A で，Miranda です。)
3 ① 男の子：When is your birthday?
(あなたのたん生日はいつです

か。）

トモコ：My birthday is January 30th.
（わたしのたん生日は1月30日です。）

男の子：What do you want for your birthday?
（あなたはたん生日に何がほしいですか。）

トモコ：I want a blue sweater.
（わたしは青いセーターがほしいです。）

② 女の子：When is your birthday?
（あなたのたん生日はいつですか。）

サトル：It's May 13th.
（5月13日です。）

女の子：What do you want for your birthday?
（あなたはたん生日に何がほしいですか。）

サトル：I want a white cap.
（わたしは白いぼうしがほしいです。）

レッスン17 月曜日に英語はある？

▶ Do you have English on Monday? P.48・49

5 ②

●●●ポイント

5 Oh, tomorrow is Tuesday. は「ああ，明日は火曜日です。」という意味です。

))読まれた英語

5 右の女の子　：Oh, tomorrow is Tuesday.
（ああ，明日は火曜日ですね。）

左の女の子　：Do you have English on Tuesday?
（あなたは火曜日には英語がありますか。）

右の女の子　：Yes, I do.
（はい，あります。）

▶ Yes, I do. / No, I don't. P.50・51

3 Thursday

4 ① Yes, I do.　② No, I don't.

5 （例）No, I don't. I have English on Wednesday.

●●●ポイント

5 月曜日に英語がある場合は Yes, I do. と答え，ない場合は No, I don't. と答えます。英語がある曜日を I have English on に続けて書きましょう。「毎週○曜日」のときは，曜日名に s をつけて表してもよいです。

))読まれた英語

3 女の子：Tomorrow is Thursday.
（明日は木曜日ですね。）

男の子：Do you have English on Thursday?
（あなたは木曜日には英語がありますか。）

女の子：Yes, I do. I like English.
（はい，あります。わたしは英語が好きです。）

レッスン18 月曜日の教科は？

▶ I have math on Monday. P.52・53

5

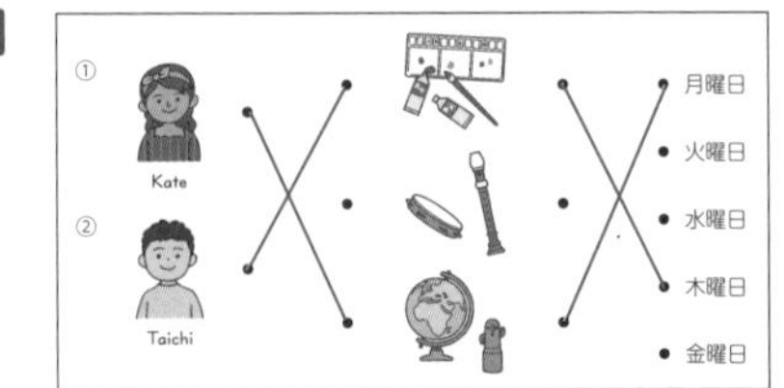

●●●ポイント

4 ② and は「～と…」という意味です。

))読まれた英語

5 ① I'm Kate. I like social studies. I have social studies on Monday.
（わたしはケイトです。わたしは社会が好きです。わたしは月曜日には社会があります。）
② I'm Taichi. I like arts and crafts. I have arts and crafts on Thursday.
（わたしはタイチです。わたしは図工が好きです。わたしは木曜日には図工があります。）

▶ What subjects do you have on Monday? P.54・55

3 English, Japanese, social studies, math, arts and crafts

4 ① I have P.E. and English on Thursday.
② I study music and math on Wednesday.

5 （例）I have science on Monday.

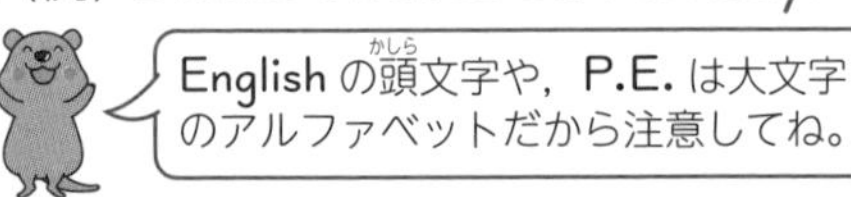

●●●ポイント

3 What subjects do you have on Friday? とたずねられているので，金曜日にある教科を答えます。

レッスン19 何時に起きる？

▶ What time do you get up?　P.56・57

5 ③

●●•ポイント

5 Oh, it's 6:00. は「ああ，6時です。」という意味です。

》読まれた英語

5 女の子：Oh, it's six.
(ああ，もう6時だね。)
男の子：What time do you go home?
(きみは何時に家に帰るの？)
女の子：I usually go home at four thirty.
(わたしはたいてい4時30分に帰るよ。)
男の子：Let's go home.
(じゃあ帰ろう。)

▶ I usually get up at 6:30.　P.58・59

3 ① I go to school at 8:00.
② I usually have dinner at 6:30.
③ I usually go to bed at 9:30.

4 (例) I usually get up at 7:00.

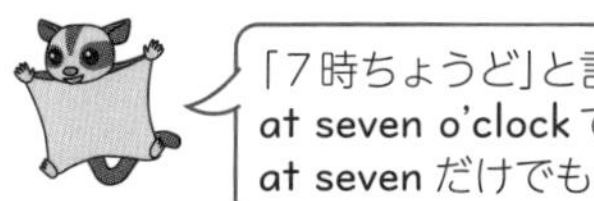

●●•ポイント

3 ②③ usually は I「わたしは」と動作を表す語の間に置くことが多いです。

4 usually はなくてもいいです。

まとめ問題④ レッスン17〜19　P.60・61

1 ① Friday / music
② science / Monday
③ go home / 9:30

2

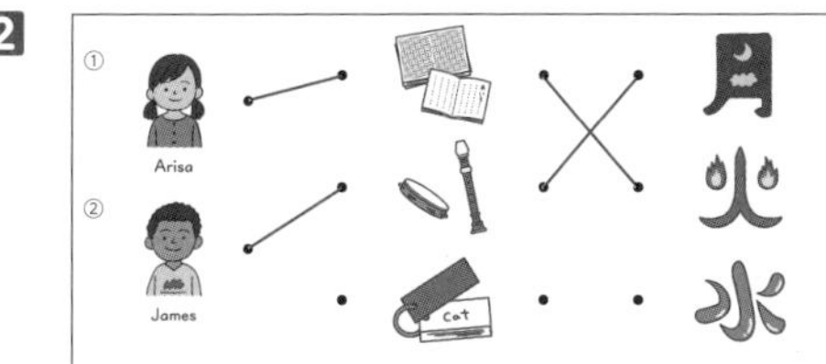

3 ① (例) I have dinner at 6:00. After that, I usually do my homework at 7:00.
② (例) I usually go to bed at 9:00.

●●•ポイント

3 ① after that は「そのあとに」という意味です。

》読まれた英語

1 ① Hi. I am Tom. I like social studies. I have social studies on Friday. I have music on Wednesday.
(こんにちは。わたしはトムです。わたしは社会が好きです。わたしは金曜日に社会があります。わたしは水曜日には音楽があります。)
② Hi. I am Lisa. What subject do you like? I like science very much. I have science on Monday.
(こんにちは。わたしはリサです。あなたは何の教科が好きですか。わたしはとても理科が好きです。わたしは月曜日に理科があります。)
③ Hello. I am Daniel. I go home at five. I usually have dinner at seven. I go to bed at nine thirty.
(こんにちは。わたしはダニエルです。わたしは5時に家に帰ります。わたしはたいてい7時に夕食を食べます。わたしは9時30分にねます。)

2 ① 男の子：Do you have English on Tuesday?
(あなたは火曜日には英語がありますか。)
アリサ：No, I don't.
(いいえ，ありません。)
男の子：What subjects do you have on Tuesday?
(あなたは火曜日には何の科目がありますか。)
アリサ：I have Japanese and science on Tuesday.
(わたしは火曜日には国語と理科があります。)
② 女の子：What subject do you have on Monday?
(あなたは月曜日には何の教科がありますか。)
ジェームズ：I have music on Monday.
(わたしは月曜日には音楽があります。)
女の子：Do you like music?
(あなたは音楽が好きですか。)
ジェームズ：Yes, I do.
(はい，好きです。)

レッスン20 できること P.62・63

4 ① I can jump high.
② I can dance well.

5 (例) I can sing well.

●●●ポイント
3 ② well は「じょうずに」という意味です。

レッスン21 できないこと P.64・65

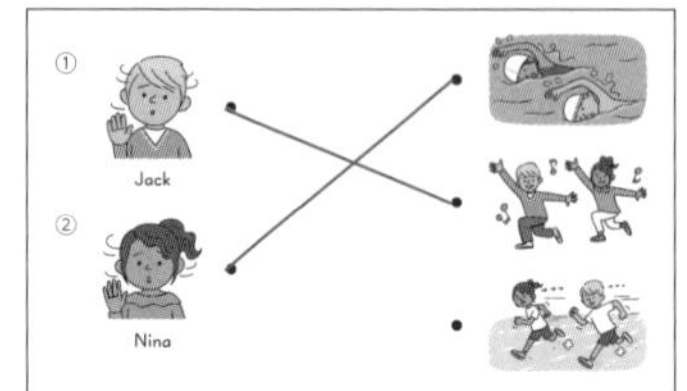

4 ① I can't skate. ② I can't ski.

5 (例) I can't swim.

●●●ポイント
4 can't のアポストロフィ(')をわすれずに書きましょう。

読まれた英語
3 ① I'm Jack. I like P.E., but I can't dance well.
(わたしはジャックです。わたしは体育が好きですが，じょうずにおどれません。)
② I'm Nina. I can run fast, but I can't swim well.
(わたしはニナです。わたしは速く走れますが，じょうずに泳げません。)

レッスン22 あなたはできる？ P.66・67

4 ① できない ② できる

5 ① Can you play the recorder?
② Yes, I can. ③ No, I can't.

6 (例) Yes, I can.

●●●ポイント
5 楽器名の前の the をわすれずに書きましょう。

読まれた英語
4 ① 男の子：What is this?
(これは何ですか。)
クロエ：This is my violin.
(これはわたしのバイオリンです。)
男の子：Can you play the violin well, Chloe?
(あなたはバイオリンをじょうずにひけますか，クロエ。)
クロエ：No, I can't.
(いいえ，ひけません。)
② 女の子：Is this your recorder, Masaki?
(これはあなたのリコーダーですか，マサキ。)
マサキ：Yes.
(はい。)
女の子：Can you play the recorder?
(あなたはリコーダーをふけますか。)
マサキ：Yes, I can.
(はい，ふけます。)

まとめ問題⑤ レッスン20～22 P.68・69

1

2 ① 好き / できる ② 好き / できない

3 ① sing ② play

●●●ポイント
2 ② jazz は「ジャズ」という意味です。
3 ① 「あなたはじょうずに歌うことができますか。」—「はい，歌えます。」という対話にします。
② 「あなたはピアノをひくことができますか。」—「いいえ，ひけません。」という対話にします。

読まれた英語
1 ① Hi. I'm Miho. I like volleyball. I can jump high.
(こんにちは。わたしはミホです。わたしはバレーボールが好きです。わたしは高くとべます。)

② Hello. I am Jean. I play soccer. I can run fast.
(こんにちは。わたしはジーンです。わたしはサッカーをします。わたしは速く走れます。)
③ Hi. I'm Luca. I like music very much. I can play the guitar.
(こんにちは。わたしはルカです。わたしは音楽がとても好きです。わたしはギターをひけます。)

2 ① 男の子 : Do you like sports?
(あなたはスポーツが好きですか。)
シホ : Yes, I do.
(はい，好きです。)
男の子 : What sport do you like?
(あなたは何のスポーツが好きですか。)
シホ : I like swimming.
(わたしは水泳が好きです。)
男の子 : Can you swim well?
(あなたはじょうずに泳げますか。)
シホ : Yes, I can.
(はい，泳げます。)

② 女の子 : Do you like music?
(あなたは音楽が好きですか。)
ネイサン : Yes, I do.
(はい，好きです。)
女の子 : What music do you like?
(あなたは何の音楽が好きですか。)
ネイサン : I like jazz.
(わたしはジャズが好きです。)
女の子 : Can you play the piano?
(あなたはピアノをひけますか。)
ネイサン : No, I can't.
(いいえ，ひけません。)

レッスン23 どこに行きたい？

▶ I want to go to Ueno Zoo. P.72・73

5

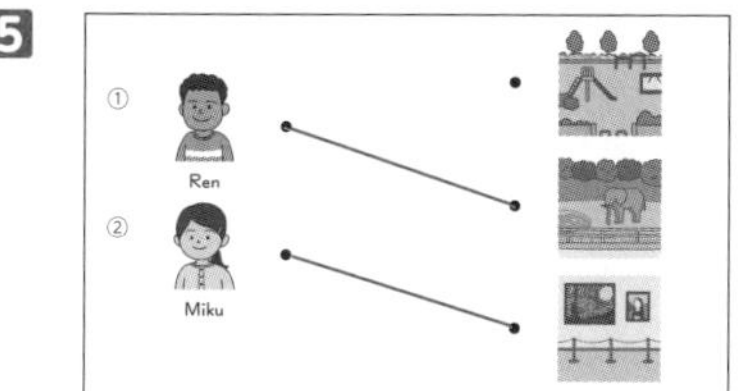

●●●ポイント

3 Ueno Zoo「上野(うえの)動物園」のように具体的なし設(せつ)を表すときは，それぞれの語の最初の文字を大文字にします。

5 ② picture は「絵，写真」という意味です。pictures は2まい以上を表す形です。

🔊読まれた英語

5 ① I'm Ren. I like animals. I want to go to Kita Zoo.
(わたしはレンです。わたしは動物が好きです。わたしはキタ動物園に行きたいです。)
② I'm Miku. I like pictures. I want to go to Nishi Museum.
(わたしはミクです。わたしは絵が好きです。わたしはニシ美術館(びじゅつかん)に行きたいです。)

▶ Where do you want to go? P.74・75

3 ③

4 ① I want to go to an amusement park.
② I want to go to a department store.

5 (例) I want to go to a movie theater.

●●●ポイント

3 Let's go out. は「出かけましょう。」という意味です。
5 具体的なし設名を言うときは，a や an は使いません。(例)Nishi Park

🔊読まれた英語

3 母親 : It's sunny today. Let's go out.
(今日は晴れているね。外出しよう。)
男の子 : Yes, let's.
(うん，そうしよう。)
母親 : Where do you want to go?
(あなたはどこへ行きたいの？)
男の子 : I want to go to Minami Amusement Park.
(ぼくはミナミ遊園地に行きたいな。)

レッスン24 行きたい理由は？ P.76・77

3 ④

4 ① Why do you want to go there?
② I want to see horses.

5 Why do you want to go there?

●●●ポイント

3 next Sunday は「次の日曜日に」という意味です。

🔊読まれた英語

3 女の子：I want to go to Minami Park next Sunday.
（わたしは次の日曜日に，ミナミ公園に行きたいです。）
男の子：Why do you want to go there?
（あなたはなぜそこへ行きたいのですか。）
女の子：I want to play tennis there.
（わたしはそこでテニスをしたいです。）

まとめ問題⑥ レッスン23〜24 P.78・79

1 ① 動物園 / クマ
② 公園 / テニス
③ 博物館 / 見たい

2

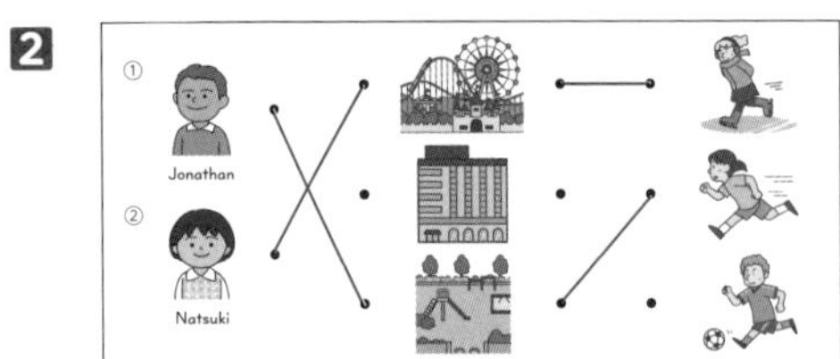

3 ① ウ　② ア

4 ①（例）I want to go to Chiba Zoo.
②（例）I want to see monkeys.

●●●ポイント
4 ① this Saturday は「今週の土曜日に」という意味です。

🔊読まれた英語

1 ① Hi. I'm Sayaka. I want to go to Asahiyama Zoo. I want to see bears there.
（こんにちは。わたしはサヤカです。わたしは旭山（あさひやま）動物園に行きたいです。わたしはそこでくまを見たいです。）
② Hi. I'm Martha. I want to go to Hibiya Park. I want to play tennis there.
（こんにちは。わたしはマーサです。わたしは日比谷（ひびや）公園に行きたいです。わたしはそこでテニスがしたいです。）
③ Hello. I am Ryan. I want to go to Edo-Tokyo Museum. I want to see *ukiyo-e* there.
（こんにちは。わたしはライアンです。わたしは江戸（えど）東京博物館に行きたいです。わたしはそこで浮世絵（うきよえ）を見たいです。）

2 ① 女の子　：Where do you want to go, Jonathan?
（あなたはどこに行きたいですか，ジョナサン。）
ジョナサン：I want to go to Midori Park.
（わたしはミドリ公園に行きたいです。）
女の子　：Why do you want to go there?
（あなたはなぜそこに行きたいのですか。）
ジョナサン：I want to run there.
（わたしはそこで走りたいです。）
② 男の子：Where do you want to go, Natsuki?
（あなたはどこに行きたいですか，ナツキ？）
ナツキ：I want to go to Akane Amusement Park.
（わたしはアカネ遊園地に行きたいです。）
男の子：Why do you want to go there?
（あなたはなぜそこに行きたいのですか。）
ナツキ：I can skate there.
（わたしはそこでスケートができます。）

レッスン25 どこにいるかを伝えよう P.82・83

4 ① My cat is under the bed.
② My eraser is in the pencil case.

5（例）My pencil is on the desk.

●●●ポイント
1 動物にはふつう he や she は使いませんが，ペットなどは he や she とよぶことがあります。
5 文ぼう具のあとに is を続けます。

持ち主がわかっているときには，my（わたしの）pen，your（あなたの）eraser のように，a［an］の代わりに my や your を使うよ。

レッスン26 場所をたずねよう

▶ Where is the station? P.84・85

5

●●●ポイント

5 Excuse me. は「すみません。」と知らない人などによびかけるときの表現です。

》読まれた英語

5 ① Excuse me. Where is the bookstore?
(すみません。書店はどこですか。)
② Excuse me. Where is the bus stop?
(すみません。バス停はどこですか。)

▶ Go straight. P.86・87

3 Go straight / hospital

4 ① Go straight. It's on your left.
② Turn left. It's on your right.

5 Turn left. Go straight. It's on your right.

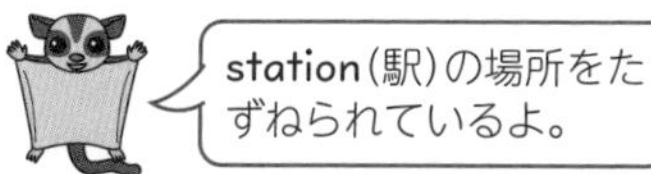

●●●ポイント

5「左に曲がってください。まっすぐ行ってください。右側にあります。」という文を書きましょう。

》読まれた英語

3 女の子：Where is the library?
(図書館はどこですか。)
男の子：Go straight. It's next to the hospital.
(まっすぐ行ってください。それは病院のとなりにあります。)

まとめ問題⑦ レッスン25～26 P.88・89

1 ① イ ② ア

2

3 (例) Go straight. Turn left. Turn right. It's next to the post office. It's on your left.

●●●ポイント

2 場所や位置を答えるときは，My pencil case is on the desk. ではなく，It's on the desk. と言う方が自然です。

3 It's next to the post office. と It's on your left. は，どちらか一方でも構いません。

》読まれた英語

2 ユイ：Where is your pencil case?
(あなたの筆箱はどこですか。)
男の子：It's on the desk.
(それはつくえの上にあります。)
ユイ：Where is my cat?
(わたしのねこはどこですか。)
男の子：It's under the bed.
(それはベッドの下にいます。)
ユイ：Where is your guitar?
(あなたのギターはどこですか。)
男の子：It's by the door.
(それはドアのそばにあります。)

レッスン27 お店で注文してみよう

▶ I'd like orange juice. P.90・91

5

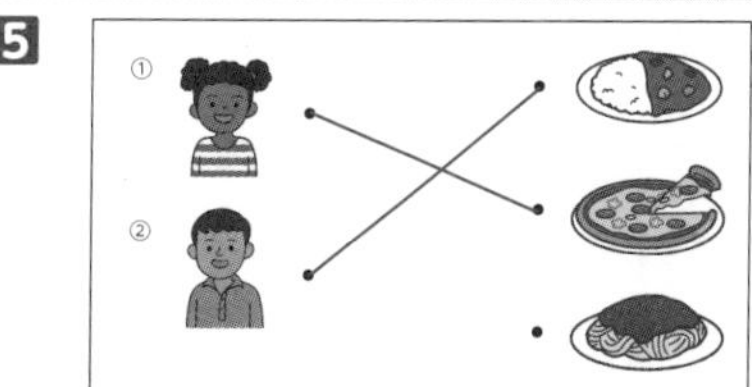

●●●ポイント

5 飲み物と同じように，pizza や curry and rice にも a はつきません。

》読まれた英語

5 ① 店員：What would you like?
(何になさいますか。)
客：I'd like pizza.
(ピザをください。)
② 店員：What would you like?
(何になさいますか。)
客：I'd like curry and rice.
(カレーライスをください。)

▶ What would you like? P.92・93

3 ④

4 ① I'd like apple juice.
② I'd like green tea.
③ What would you like?

5 (例) I'd like milk.

ポイント
3 What would you like? は店で店員が注文をとるときに使う表現(ひょうげん)です。

読まれた英語
3 店員：What would you like?
（何になさいますか。）
客　：I'd like a hamburger.
（ハンバーガーをください。）
店員：Would you like something to drink?
（何かお飲み物はいかがですか。）
客　：Yes, please. I'd like orange juice.
（はい，お願いします。オレンジジュースをください。）

レッスン28 いくらですか？

▶ How much is it? P.94・95

5 ③

ポイント
5 How much is it? はもののねだんをたずねるときに使う表現です。

読まれた英語
5 客　：I'd like a sandwich. How much is it?
（サンドイッチをください。いくらですか。）
店員：It's 200 yen.
（それは200円です。）

▶ A rice ball is 130 yen. P.96・97

3

4 ① A hamburger is 230 yen.
② How much is it?

5 It's 780 yen.

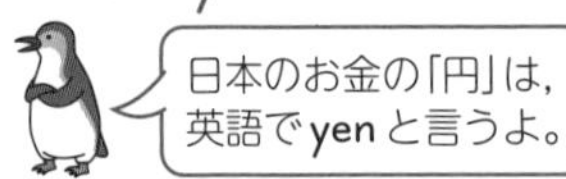

ポイント
3 ① Here you are. は「はい，どうぞ。」という意味で，人にものを手わたすときに使う表現です。
5 strawberry parfait「ストロベリーパフェ」のねだんを答えましょう。

読まれた英語
3 ① 店員：What would you like?
（何になさいますか。）
客　：I'd like coffee. How much is it?
（コーヒーをください。いくらですか。）
店員：It's 160 yen.
（160円です。）
客　：Here you are.
（はい，どうぞ。）
② 店員：What would you like?
（何になさいますか。）
客　：I'd like salad. How much is it?
（サラダをください。いくらですか。）
店員：It's 270 yen.
（270円です。）
客　：OK.
（わかりました。）

まとめ問題⑧ レッスン27～28 P.98・99

1 ① 290円 ② 330円 ③ 580円
④ 620円

2

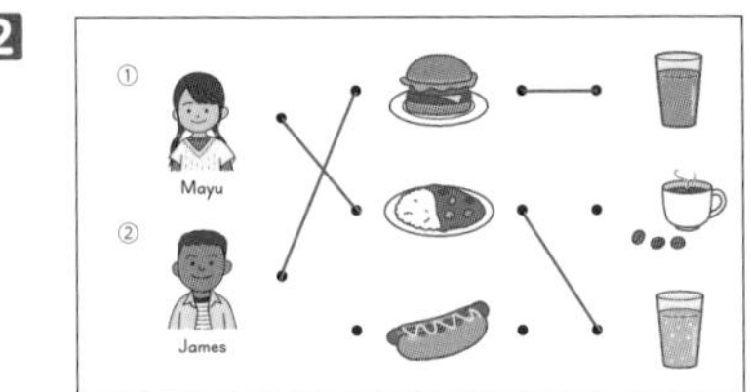

①の合計のねだん 750円
②の合計のねだん 420円

3 (例) I'd like a hamburger and grape juice.
/ 490 yen

ポイント
2 ① カレーライスが600円，ソーダが150円なので合計は750円です。
② ハンバーガーが300円，オレンジジュースが120円なので，合計は420円です。

読まれた英語
1 ① 店員：What would you like?
（何になさいますか。）
客　：I'd like a rice ball and green tea. How much is it?
（おにぎりと緑茶をください。いくらですか。）
店員：A rice ball is 160 yen. Green tea is 130 yen. Your total is 290 yen.

（おにぎりは160円です。緑茶は130円です。合計で290円です。）

② 店員：What would you like?
（何になさいますか。）
客　：I'd like a donut and apple juice. How much is it?
（ドーナツとりんごジュースをください。いくらですか。）
店員：A donut is 150 yen. Apple juice is 180 yen. Your total is 330 yen.
（ドーナツは150円です。りんごジュースは180円です。合計で330円です。）

③ 店員：What would you like?
（何になさいますか。）
客　：I'd like a hot dog and tea. How much is it?
（ホットドッグとこう茶をお願いします。いくらですか。）
店員：A hot dog is 320 yen. Tea is 260 yen. Your total is 580 yen.
（ホットドッグは320円です。こう茶は260円です。合計で580円です。）

④ 店員：What would you like?
（何になさいますか。）
客　：I'd like a sandwich and milk. How much is it?
（サンドイッチと牛にゅうをください。いくらですか。）
店員：A sandwich is 450 yen. Milk is 170 yen. Your total is 620 yen.
（サンドイッチは450円です。牛乳は170円です。合計で620円です。）

2 ① 店員：What would you like?
（何になさいますか。）
マユ：I'd like curry and rice and soda.
（カレーライスとソーダをお願いします。）
店員：Curry and rice is 600 yen, and soda is 150 yen.
（カレーライスは600円で，ソーダは150円です。）

② 店員：What would you like?
（何になさいますか。）
ジェームズ：I'd like a hamburger.
（ハンバーガーをお願いします。）
店員：Would you like something to drink?
（何かお飲み物はいかがですか。）
ジェームズ：Orange juice, please.
（オレンジジュースをお願いします。）
店員：A hamburger is 300 yen, and orange juice is 120 yen.
（ハンバーガーは300円で，オレンジジュースは120円です。）

レッスン29 かの女はだれ？

▶ Who is she? P.100・101

5

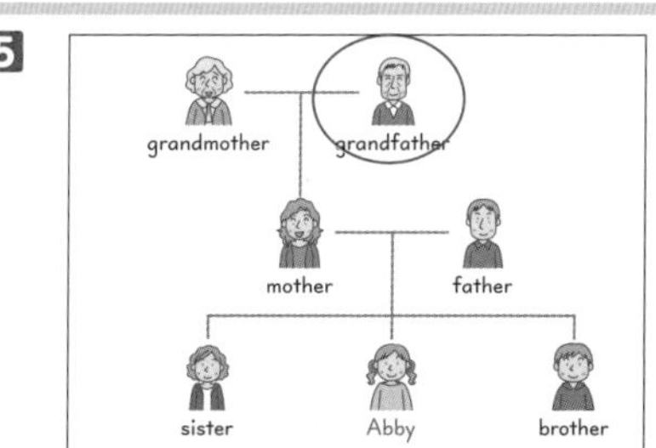

●●•ポイント
5 I can see a man over there. は「わたしは向こうに男の人が見えます。」という意味です。

読まれた英語
5 男の子：Hey, Abby. I can see a man over there. Who is he?
（ねえ，アビー。向こうに男の人が見えるね。かれはだれ？）
アビー：He is Paul. He is my grandfather.
（かれはポールだよ。かれはわたしの祖父（そふ）なんだ。）

▶ She is my sister. P.102・103

3 ③

4 ① She is my mother.
② Who is he?

5 She is my aunt.

●●•ポイント
3 Nice picture! Is this your family? は「すてきな写真ですね！ こちらはあなたの家族ですか。」という意味です。
5 「かの女はわたしのおばです。」という文を書きましょう。

🔊 読まれた英語

3 男の子：Nice picture! Is this your family?
（すてきな写真だね！　こちらはあなたの家族？）
女の子：Yes.
（そうだよ。）
男の子：Who is this?
（こちらはだれ？）
女の子：She is Helen. She is my grandmother.
（かの女はヘレンだよ。かの女はわたしの祖母なんだ。）

レッスン30 かの女の得意なこと　P.104・105

4 ① She is good at swimming.
② He is good at skiing.
③ I am good at dancing.

5 (例) She is good at singing.

●●●ポイント
4 ③「わたしは～が得意です。」と言うときは I am good at ～. と表します。

レッスン31 かれのできること　P.106・107

4 ① He can run fast.
② She can swim well.
③ He can sing well.

5 (例) He can draw pictures well.

●●●ポイント
2 ride =「～に乗る」　unicycle =「一輪車」
speak =「～を話す」　draw =「～をかく」
picture=「絵」

レッスン32 かれはどんな人？　P.108・109

4 ① He is funny.　② She is friendly.
③ Hiroto is brave.

5 (例) This is Sora. He is gentle.

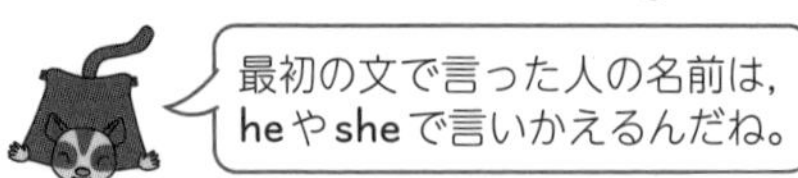

●●●ポイント
5 This is my father. などと書いてもいいです。

まとめ問題⑨　レッスン29～32　P.110・111

1 ① お母さん / 活発
② スキー / 勇かんだ

2

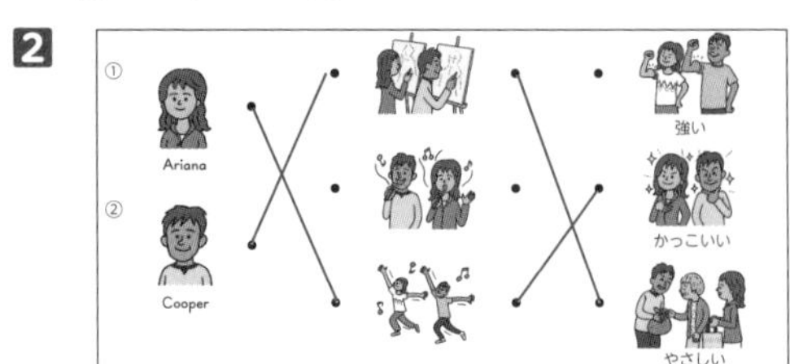

3

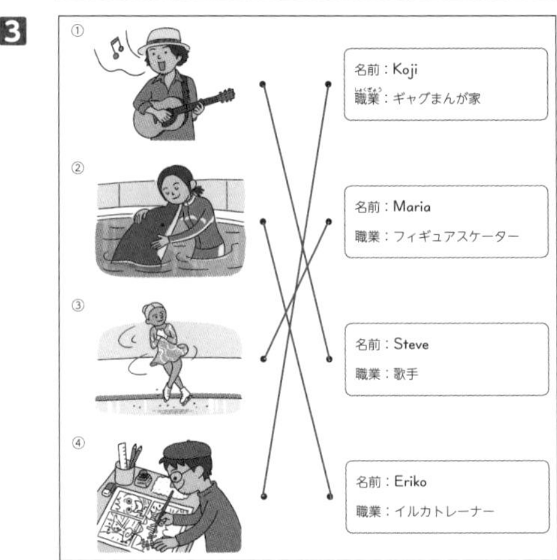

●●●ポイント
3 ①「歌うのが得意」「ギターをひくことができる」と言っているので，歌手のスティーブが適切。
②「動物が好き」「親切」「水泳が得意」と言っているので，イルカトレーナーのエリコが適切。
③「スケートがじょうず」「高くとぶことができる」と言っているので，フィギュアスケーターのマリアが適切。
④「絵をじょうずにかくことができる」「おもしろい」と言っているので，ギャグまんが家のコウジが適切。

🔊 読まれた英語

1 ① I'm Yuki. I like my mother. She is active and funny. She can speak English.
（わたしはユキです。わたしはおかあさんが好きです。かの女は活発で，おもしろいです。かの女は英語を話せます。）
② I'm Richard. I have a brother. He is good at skiing. He is brave.
（わたしはリチャードです。わたしには兄がいます。かれはスキーがじょうずです。かれは勇かんです。）

2 ① She is my sister, Ariana. She is good at dancing. She is cool.
（かの女はわたしの妹のアリアナです。かの女はおどるのがじょうずです。かの女はかっこいいです。)
② He is my father, Bruce. He can draw pictures well. He is gentle.
(かれはわたしのおとうさんで，ブルースです。かれはじょうずに絵がかけます。かれはやさしいです。)

3 ① He is good at singing. He can play the guitar. Who is he?
(かれは歌うのがじょうずです。かれはギターがひけます。かれはだれですか。)
② She likes animals. She is kind. She is good at swimming. Who is she?
(かの女は動物が好きです。かの女は親切です。かの女は泳ぐのがじょうずです。かの女はだれですか。)
③ She can skate well. She can jump high. Who is she?
(かの女はじょうずにスケートをすることができます。かの女は高くとべます。かの女はだれですか。)
④ He can draw pictures well. He is funny. Who is he?
(かれはじょうずに絵をかくことができます。かれはおもしろいです。かれはだれですか。)

まとめのテスト①

P.112・113

1 ① It's on your desk.
② It's under my desk.
③ It's on your chair.

2 ① イ ② エ ③ ウ

3 ① 9 ② 野球 ③ さる

4 ① (例) I'd like a sandwich.
② (例) It's 350 yen.

ポイント

1 ① 赤色の筆箱はヘンリーのつくえの上にあります。
② 緑色の定規(じょうぎ)はあなたのつくえの下にあります。
③ 黒色のリコーダーはヘンリーのいすの上にあります。

2 ① 速く走ることができるのは，イのチーターです。
② じょうずにおどることができる日本の動物は，エのツルです。
③ 高くとぶことができるけれど泳げないのは，ウのカンガルーです。

3 Where do you want to go in Japan? は「日本のどこに行きたいですか。」, I want to see monkeys at an *onsen*. は「わたしは温泉に入っているさるが見たいです。」, Sounds nice. That's all for the interview. Thank you. は「すてきですね。インタビューは以上です。ありがとうございます。」, You're welcome. は「どういたしまして。」という意味です。

読まれた英語

1 ① Where is my pencil case? It's red.
(わたしの筆箱はどこですか。それは赤色です。)
② Where is my ruler? It's green.
(わたしの定規はどこですか。それは緑色です。)
③ Where is my recorder? It's black.
(わたしのリコーダーはどこですか。それは黒色です。)

2 ① I can run fast. Who am I?
(わたしは速く走れます。わたしはだれでしょう?)
② I can dance well. I'm from Japan. Who am I?
(わたしはじょうずにおどれます。わたしは日本出身です。わたしはだれでしょう?)
③ I can jump high. But I can't swim. Who am I?
(わたしは高くとぶことができます。でもわたしは泳げません。わたしはだれでしょう?)

3 サエ : I'm Sae. Nice to meet you.
(わたしはサエです。はじめてまして。)
アレックス先生 : Nice to meet you, Sae. I'm Alex.
(はじめまして，サエ。わたしはアレックスです。)
サエ : How do you spell your name?
(あなたの名前はどのようにつづりますか。)
アレックス先生 : A-L-E-X Alex, and M-I-L-L-E-R Miller.
(A-L-E-X で Alex, M-I-L-L-E-R で Miller です。)
サエ : I see. Now, may I start the interview?
(わかりました。今からインタビューを始めてもよいですか。)
アレックス先生 : OK.
(はい。)
サエ : Thank you. I have three questions. First, when is your birthday?
(ありがとうございます。

3つの質問をします。まず，あなたのたん生日はいつですか。）

アレックス先生：My birthday is September 21st.
（わたしのたん生日は9月21日です。）

サエ：Oh, my birthday is in September, too.
（ああ，わたしのたん生日も9月です。）

アレックス先生：Really? That's good.
（本当ですか。それはいいですね。）

サエ：Next, what sport do you like?
（次に，あなたはどんなスポーツが好きですか。）

アレックス先生：I like baseball.
（わたしは野球が好きです。）

サエ：Can you play baseball well?
（あなたは野球をじょうずにできますか。）

アレックス先生：Yes, I can. I often teach baseball to children.
（はい，できます。わたしはよく子供たちに野球を教えます。）

サエ：Great! OK, this is the last question. Where do you want to go in Japan?
（すばらしいですね！ わかりました，これが最後の質問です。あなたは日本のどこに行きたいですか。）

アレックス先生：I want to go to Nagano.
（わたしは長野に行きたいです。）

サエ：Nagano? Why do you want to go there?
（長野？ なぜそこへ行きたいのですか。）

アレックス先生：I want to see monkeys at an *onsen*.
（わたしは温泉のさるを見たいんです。）

サエ：Sounds nice. That's all for the interview. Thank you.
（すてきですね。これでインタビューは終わりです。ありがとうございました。）

アレックス先生：You're welcome.
（どういたしまして。）

まとめのテスト②

P.114・115

1 イ

2 ① ウ　② ア

3 ① She is active and friendly.
② She can play basketball well.

4 (例) Yes, I do.

5 (例) I have math next Wednesday.

ポイント

2 ① 青森県でねぶた祭を見たいと思っているのは，ウのジャマールの兄です。
② 京都府で古いお寺を見たいと思っているのは，アのジャマールの母です。

4 ① Yes, I do. または No, I don't. で答えましょう。

読まれた英語

1 女の子：You can play soccer well, Jack.
（あなたはサッカーをじょうずにしますね，ジャック。）

ジャック：Thank you. Bill is good at soccer, too.
（ありがとう。ビルもサッカーがじょうずですよ。）

女の子：Who is Bill?
（ビルとはだれですか。）

ジャック：He is my brother.
（かれはわたしの兄[弟]です。）

2 ① ジャマール：Where do you want to go?
（あなたはどこへ行きたいですか。）

ジャマールの兄：I want to go to Aomori. I want to see the Nebuta Festival.
（わたしは青森に行きたいです。わたしはねぶた祭を見たいです。）

② ジャマール：Where do you want to go?
（あなたはどこへ行きたいですか。）

ジャマールの母：I want to go to Kyoto. I want to see

old temples.
（わたしは京都へ行きたいです。わたしは古い寺を見たいです。）

まとめのテスト③ P.116・117

1

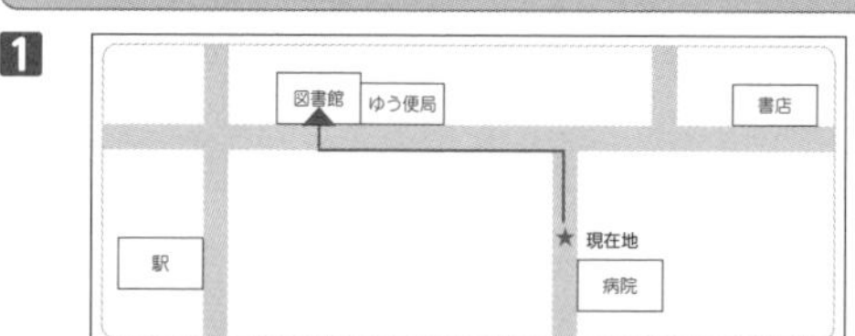

2 ア，エ

3 ① I usually get up at 7:00.
② I go to school at 8:00.
③ I go home at 3:30.
④ I take a bath at 7:30.

4 (例) I do my homework at 4:00[before dinner / in the afternoon など].

ポイント

1 まっすぐ行ってから左に曲がって図書館に行く道順を書きます。

2 ジュリアンは「アニメとマンガがとても好き」「絵をじょうずにかくことができる」と言っているので，アを選びます。また，「日本語をじょうずに読むことができない」「でも毎週日曜日に日本語を勉強している」と言っているので，エを選びます。

3 ①「起きる」は get up で表します。
②④「～時に」と時こくを表すときは〈at＋時こく〉の形にします。
③「家に帰る」は go home で表します。

4 あなたがふだん宿題をする時こくや時を書きましょう。「～時～分です」と時こくを言うときは〈at 時間：分〉とします。「夕食前」と言うときは〈before dinner〉とします。「午後に」と言うときは〈in the afternoon〉とします。

読まれた英語

1 男の人：Excuse me. Where is the library?
（すみません。図書館はどこですか。）

ユイ：Turn left and go straight. It's next to the post office. You can see the library on your right.
（左に曲がってまっすぐ行ってください。それはゆう便局のとなりにあります。図書館はあなたの右側に見えますよ。）

2 ジュリアン：Hello. I'm Julian. Nice to meet you.
（こんにちは。わたしはジュリアンです。はじめまして。）

ナナミ：I'm Nanami. Nice to meet you, too. Where are you from?
（わたしはナナミです。こちらこそはじめまして。あなたはどこの出身ですか。）

ジュリアン：I'm from the U.S. I like anime and manga very much.
（わたしはアメリカ合衆国出身です。わたしはアニメとマンガがとても好きです。）

ナナミ：Really? Me, too. Do you draw anime characters?
（本当ですか。わたしもです。あなたはアニメのキャラクターをかきますか。）

ジュリアン：Yes. I can draw some anime characters well. Look at this.
（はい。わたしはいくつかのアニメキャラクターをじょうずにかけます。これを見てください。）

ナナミ：Wow! Cool! Do you read manga in Japanese?
（わあ！　かっこいい！　あなたは日本語のマンガを読みますか。）

ジュリアン：No. I can't read Japanese well. But I study Japanese on Sunday.
（いいえ。わたしは日本語はうまく読めません。でもわたしは日曜日に日本語を勉強します。）

ナナミ：That's nice.
（それはすてきですね。）

単語にぐーんと強くなる

★P.00の数字は，本冊で学習するページです。
★書けるようになったら，□に✔しましょう。

この本で出てきた単語を，書いて練習するページだよ。音声を聞いて，自分で声に出しながら書くといいよ。単語を覚えて書くことができると，中学でも使えるし，このあとの英語学習がもっと楽しくなるよ。

P.12

- □ピザ　pizza
- □ハンバーガー　hamburger
- □カレーライス　curry and rice
- □スパゲッティ　spaghetti
- □ステーキ　steak
- □サラダ　salad
- □ケーキ　cake
- □アイスクリーム　ice cream

P.13

- □りんご　apple
- □バナナ　banana
- □ぶどう　grapes

メロン
melon
オレンジ
orange
もも
peach
いちご
strawberry
スイカ
watermelon
キャベツ
cabbage
にんじん
carrot
きゅうり
cucumber
なす
eggplant
ピーマン
green pepper
たまねぎ
onion
じゃがいも
potato
トマト
tomato
P.14
野球
baseball

□ソフトボール
softball
□バスケットボール
basketball
□バレーボール
volleyball
□ドッジボール
dodgeball
□サッカー
soccer
□テニス
tennis
□卓球（たっきゅう）
table tennis
P.15
□くま
bear
□ぞう
elephant
□さる
monkey
□馬
horse
□うさぎ
rabbit
□鳥
bird
□犬
dog

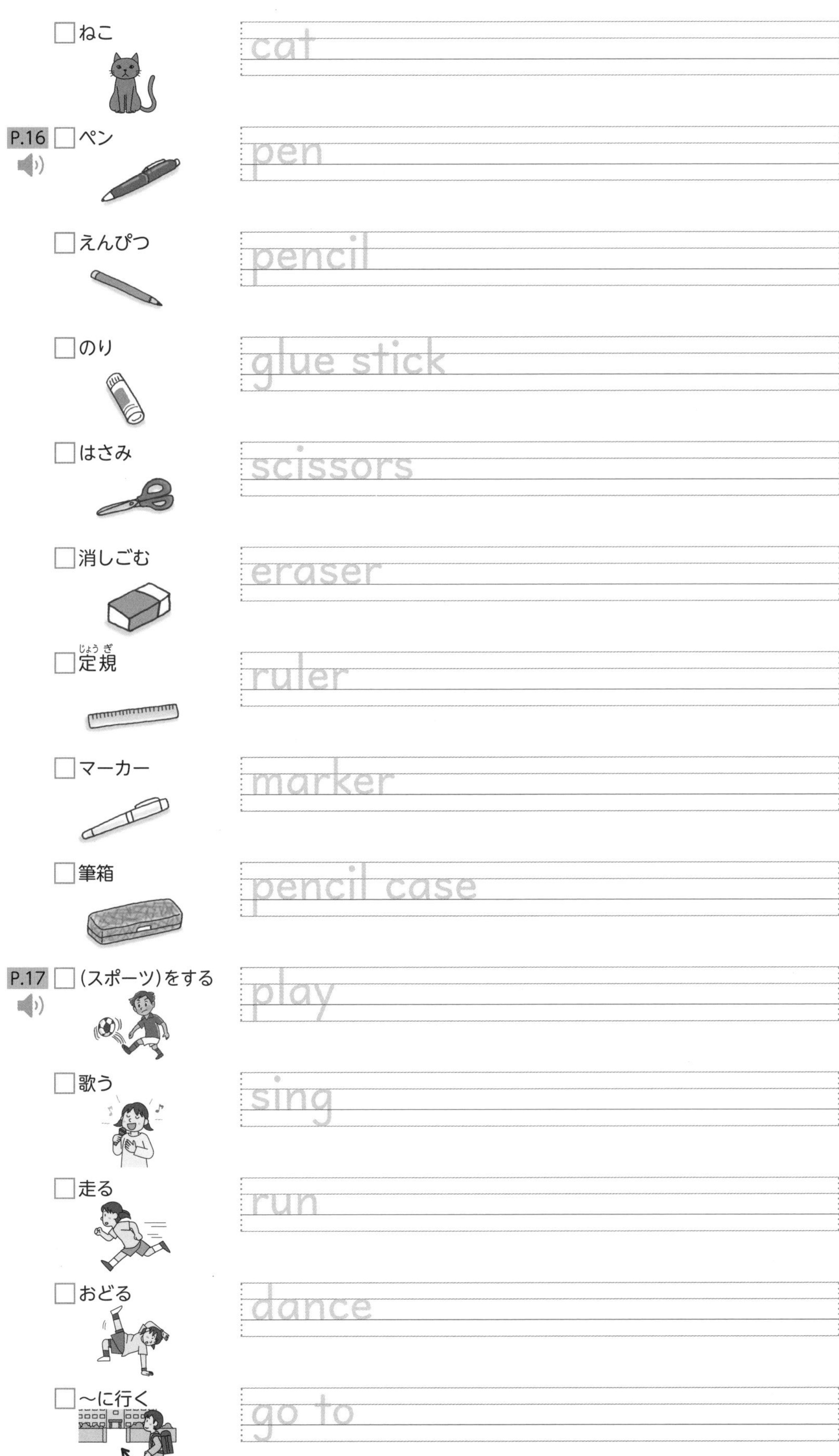

	□ねこ	cat
P.16	□ペン	pen
	□えんぴつ	pencil
	□のり	glue stick
	□はさみ	scissors
	□消しごむ	eraser
	□定規	ruler
	□マーカー	marker
	□筆箱	pencil case
P.17	□(スポーツ)をする	play
	□歌う	sing
	□走る	run
	□おどる	dance
	□～に行く	go to

□泳ぐ

swim

P.18

□ 1

one

□2

two

□3

three

□4

four

□5

five

□6

six

□7

seven

□8

eight

□9

nine

□10

ten

□11

eleven

□12

twelve

□13

thirteen

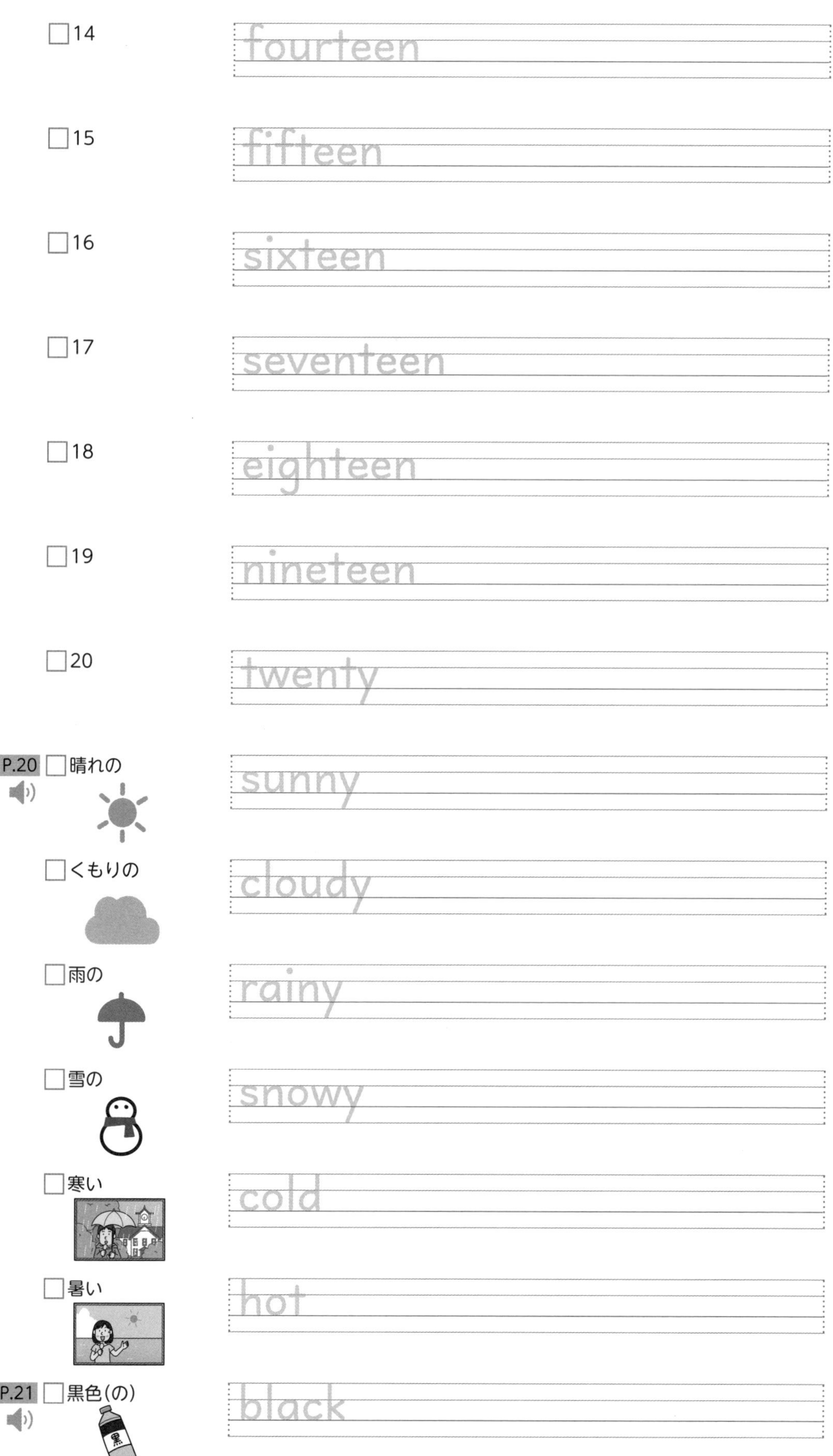

□14 fourteen
□15 fifteen
□16 sixteen
□17 seventeen
□18 eighteen
□19 nineteen
□20 twenty
P.20
□晴れの sunny
□くもりの cloudy
□雨の rainy
□雪の snowy
□寒い cold
□暑い hot
P.21
□黒色(の) black
黒

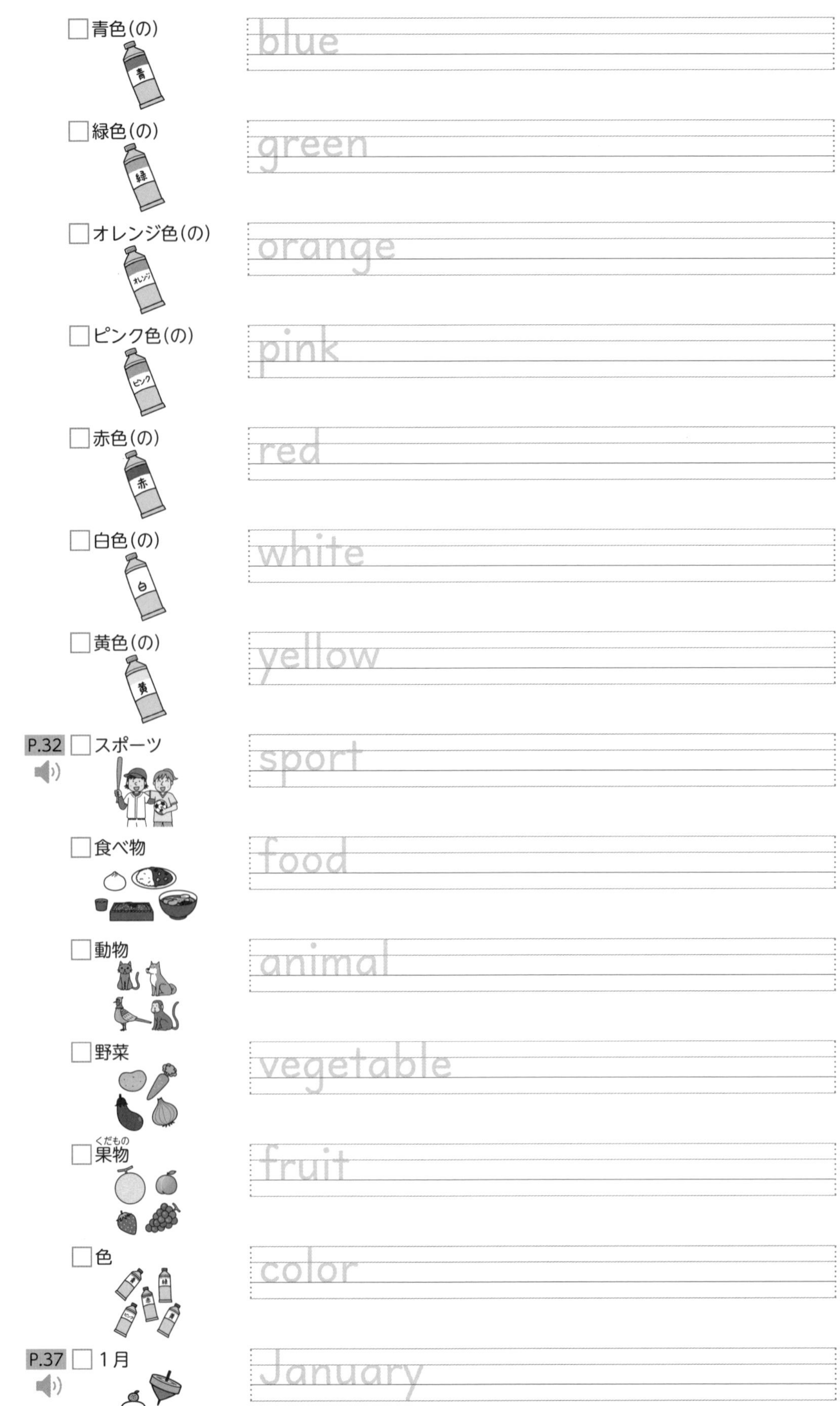

青色(の)
blue
緑色(の)
green
オレンジ色(の)
orange
ピンク色(の)
pink
赤色(の)
red
白色(の)
white
黄色(の)
yellow
P.32
スポーツ
sport
食べ物
food
動物
animal
野菜
vegetable
果物(くだもの)
fruit
色
color
P.37
1月
January

2月
February
3月
March
4月
April
5月
May
6月
June
7月
July
8月
August
9月
September
10月
October
11月
November
12月
December
P.48
日曜日
Sunday
月曜日
Monday
火曜日
Tuesday

水曜日
Wednesday
木曜日
Thursday
金曜日
Friday
土曜日
Saturday
P.52
英語
cat
English
国語（日本語）
Japanese
社会
social studies
算数
math
理科
science
音楽
music
図工
arts and crafts
体育
P.E.
P.56
起きる
get up

□朝食を食べる

have breakfast

□学校に行く

go to school

□家に帰る

go home

□(自分の) 宿題をする

do my homework

□夕食を食べる

have dinner

□おふろに入る

take a bath

□ねる

go to bed

P.62 □速く走る

run fast

□速く泳ぐ

swim fast

□高くとぶ

jump high

□じょうずに歌う

sing well

□じょうずにおどる

dance well

□スケートをする

skate

□スキーをする
ski
P.66
□リコーダー
recorder
□ピアノ
piano
□ギター
guitar
□バイオリン
violin
P.72
□公園
park
□遊園地
amusement park
□博物館，美術館
museum
□動物園
zoo
□水族館
aquarium
□コンビニ
24
convenience store
□デパート
department store

えい画館
movie theater
P.82
～の上に
on
～の中に
in
～の下に
under
～のそばに
by
ベッド
bed
箱
box
つくえ
desk
ドア
door
P.84
駅
station
ゆう便局
post office
図書館
library
病院
hospital
市役所
city hall

バス停
bus stop
書店
bookstore
P.90
コーヒー
coffee
こう茶
tea
緑茶
green tea
ジュース
juice
ソーダ
soda
牛にゅう
牛乳
milk
ミネラルウォーター
mineral water
P.94
おにぎり
rice ball
サンドイッチ
sandwich
ホットドッグ
hot dog
フライドポテト
French fries
ドーナツ
donut

- □ パフェ　parfait
- P.100 □ 姉，妹　sister
- □ 兄，弟　brother
- □ 母　mother
- □ 父　father
- □ 祖母(そぼ)　grandmother
- □ 祖父　grandfather
- □ おば　aunt
- □ おじ　uncle
- P.104 □ おどること，ダンス　dancing
- □ 歌うこと　singing
- □ 泳ぐこと，水泳　swimming
- □ 料理(をすること)　cooking
- □ スキー(をすること)　skiing

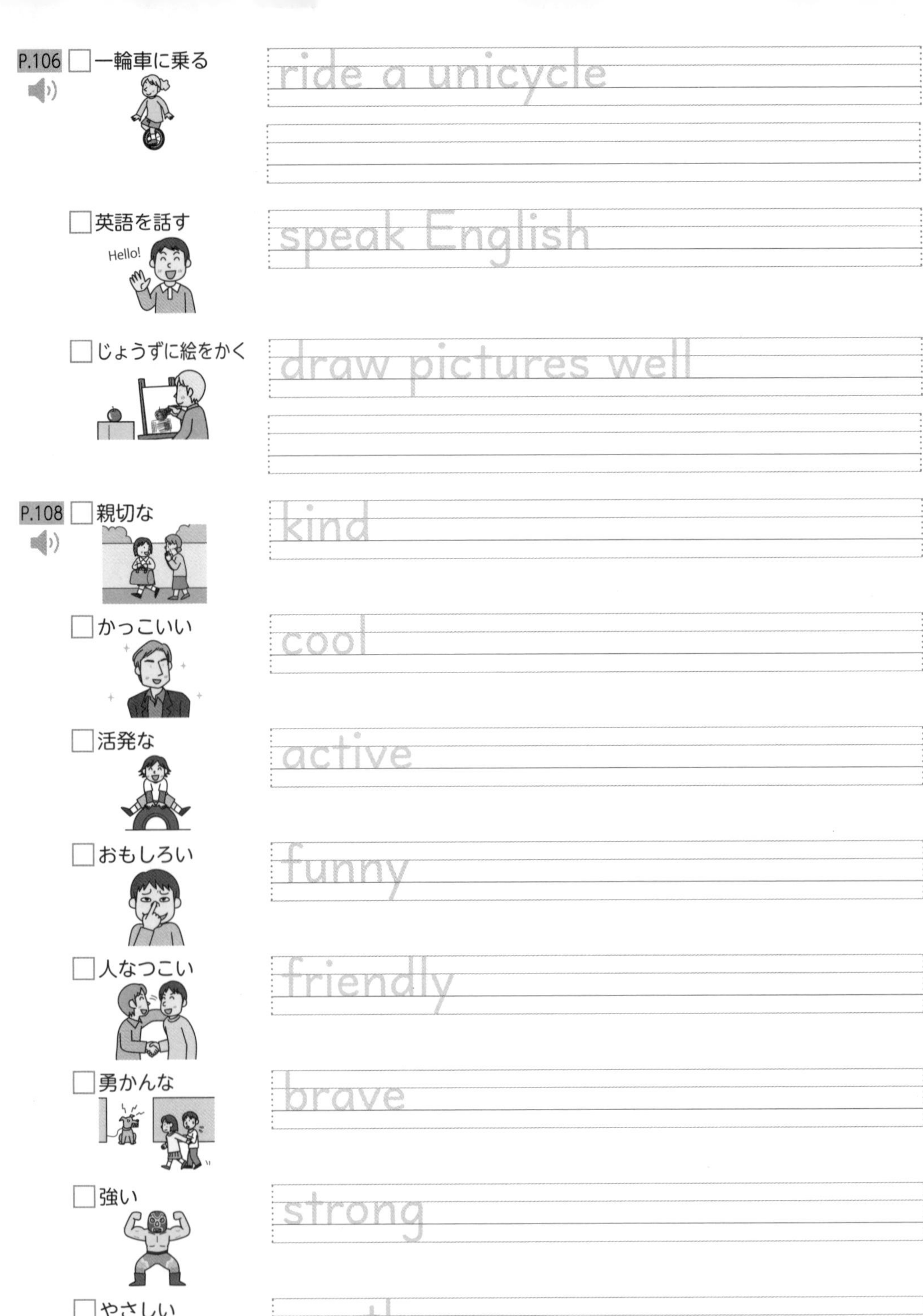
P.106
一輪車に乗る
ride a unicycle
英語を話す
Hello!
speak English
じょうずに絵をかく
draw pictures well
P.108
親切な
kind
かっこいい
cool
活発な
active
おもしろい
funny
人なつこい
friendly
勇かんな
brave
強い
strong
やさしい
gentle